ZfB – Special Issues

Wie führt man ein Unternehmen erfolgreich?
Linux als Vorbild für Unternehmensführung?
Günter Fandel / Peter-J. Jost (Hrsg.)
Ökonomische Analyse von Governance-Strukturen
Unternehmenstheorie und praktische Erfahrungen
2003. XII, 96 S. (Bd. 5/2003) Br. EUR 49,90
ISBN 3-409-12450-0

Wettbewerbsvorsprung durch Dienstleistungen
Günter Fandel / Horst Wildemann (Hrsg.)
Produktion von Dienstleistungen
2004. X, 130 S. (Bd. 1/2004) Br. EUR 49,00
ISBN 3-409-12643-0

Erfolgreiche Praxisanwendungen in Anreizgestaltung,
Kontrolle und Finanzen
Günter Fandel / Bernd Rudolph / Wolfgang Kürsten (Hrsg.)
Finanzwirtschaftliche Information, Anreizgestaltung und Kontrolle
2004. X, 106 S. (Bd. 2/2004) Br. EUR 46,00
ISBN 3-409-12722-4

Der Realoptionsansatz und seine Anwendungsbereiche
Thomas Dangl / Michael Kopel / Wolfgang Kürsten (Hrsg.)
Real Options
2004. 168 S. (Bd. 3/2004) Br. EUR 49,00
ISBN 3-409-03443-9

Strategische Entscheidungen im Wettbewerb
Günter Fandel / Peter-J. Jost (Hrsg.)
Strategische Anreizsetzung im Unternehmen
2005. X, 110 S. (Bd. 4/2004) Br. EUR 46,00
ISBN 3-409-14280-0

Bestell-Coupon Fax: 06 11.78 78-420

Ja, ich bestelle zur sofortigen Lieferung:

☐ Fandel / Jost (Hrsg.)
Ökonomische Analyse
von Governance-Strukturen
Br. EUR 49,90
ISBN 3-409-12450-0

☐ Fandel / Wildemann (Hrsg.)
Produktion von
Dienstleistungen
Br. EUR 49,00
ISBN 3-409-12643-0

☐ Fandel / Rudolph / Kürsten (Hrsg.)
Finanzwirtschaftliche
Information, Anreizgestaltung
und Kontrolle
Br. EUR 46,00
ISBN 3-409-12722-4

☐ Dangl / Kopel / Kürsten (Hrsg.)
Real Options
Br. EUR 49,00
ISBN 3-409-03443-9

☐ Fandel / Jost (Hrsg.)
Strategische Anreizsetzung
im Unternehmen
Br. EUR 46,00
ISBN 3-409-14280-0

zuzügl. Versand EUR 3,32

Geschäftsführer: Andreas Kösters,
AG Wiesbaden HRB 9754

Vorname und Name

Straße (bitte kein Postfach)

PLZ, Ort

Unterschrift   321 04 580

Änderungen vorbehalten. Erhältlich im Buchhandel oder beim Verlag.   Abraham-Lincoln-Str. 46, 65189 Wiesbaden, Tel: 06 11.78 78-626, www.gabler.de

Zeitschrift für Betriebswirtschaft

Special Issue 2/2005

Perspektiven der Kommunikationspolitik

ZfB-Special Issues

3/2001 E-Business
Herausgeber: Horst Albach/Horst Wildemann
162 Seiten. ISBN 3 409 11876 4

4/2001 Theorie der Unternehmen
Herausgeber: Horst Albach/Peter J. Jost
193 Seiten. ISBN 3 409 11883 7

1/2002 Marketing-Management
Herausgeber: Horst Albach/Christoph Weiser
190 Seiten. ISBN 3 409 11984 1

2/2002 Unternehmensentwicklung im Wettbewerb
Herausgeber: Horst Albach/Bernd Schauenberg
164 Seiten. ISBN 3 409 11996 5

3/2002 Privatisierung von öffentlichen Unternehmen
Herausgeber: Horst Albach/Eberhard Witte
117 Seiten. ISBN 3 409 12075 0

4/2002 Sportökonomie
Herausgeber: Horst Albach/Bernd Frick
262 Seiten. ISBN 3 409 12282 6

5/2002 Gründungs- und Überlebenschancen von Familienunternehmen
Herausgeber: Horst Albach/Andreas Pinkwart
173 Seiten. ISBN 3 409 12330 X

1/2003 Die Zukunft des Electronic Business
Herausgeber: Horst Albach/Johannes Hummel
159 Seiten. ISBN 3 409 12380 6

2/2003 Von der Gründung bis zur Insolvenz
Herausgeber: Horst Albach/Andreas Pinkwart
156 Seiten. ISBN 3 409 12397 0

3/2003 Hochschulmanagement
Herausgeber: Horst Albach/Peter Mertens
204 Seiten. ISBN 3 409 12415 2

4/2003 Personalmanagement
Herausgeber: Horst Albach
176 Seiten. ISBN 3 409 12414 4

5/2003 Ökonomische Analyse von Governance-Strukturen
Herausgeber: Günter Fandel/Peter J. Jost
96 Seiten. ISBN 3 409 12450 0

1/2004 Produktion von Dienstleistungen
Herausgeber: Günter Fandel/Horst Wildemann
130 Seiten. ISBN 3 409 12643 0

2/2004 Finanzwirtschaftliche Information, Anreizgestaltung und Kontrolle
Herausgeber: Günter Fandel/Bernd Rudolph/Wolfgang Kürsten
106 Seiten. ISBN 3 409 12722 4

3/2004 Real Options
Herausgeber: Thomas Dangl/Michael Kopel/Wolfgang Kürsten
158 Seiten. ISBN 3 409 03443 9

4/2004 Strategische Anreizsetzung im Unternehmen
Herausgeber: Günter Fandel/Peter J. Jost
110 Seiten. ISBN 3 409 14280 0

1/2005 Revenue Management
Herausgeber: Günter Fandel/Hans Botho von Portatius
124 Seiten. ISBN 3 8439 0050 8

Perspektiven der Kommunikationspolitik

Herausgeber

Prof. Dr. Manfred Krafft

SPRINGER FACHMEDIEN WIESBADEN GMBH

Die Deutsche Bibliothek – CIP-Einheitsaufnahme

Zeitschrift für Betriebswirtschaft : ZfB.

Erscheint monatl. – Aufnahme nach Jg. 67, H. 3 (1997)
Reihe Ergänzungsheft: Zeitschrift für Betriebswirtschaft /
Ergänzungsheft. Fortlaufende
Repetitorium. – Danach bis 1979: ZfB-Repetitorium
ISSN 0044-2372
2005, Special Issue 2. Perspektiven der Kommunikationspolitik
Herausgeber: Manfred Krafft
(Zeitschrift für Betriebswirtschaft; 2005, Special Issue 2)
ISBN 978-3-8349-0108-8   ISBN 978-3-663-11030-9 (eBook)
DOI 10.1007/978-3-663-11030-9

Alle Rechte vorbehalten

Springer Fachmedien Wiesbaden 2005
Ursprünglich erschienen bei Betriebswirtschaftlicher Verlag Dr. Th. Gabler GmbH, Wiesbaden 2005

Lektorat: Susanne Kramer/Annelie Meisenheimer

Das Werk einschließlich aller seiner Teile ist urheberrechtlich geschützt. Jede Verwertung außerhalb der engen Grenzen des Urheberrechtsgesetzes ist ohne Zustimmung des Verlags unzulässig und strafbar. Das gilt insbesondere für Vervielfältigungen, Übersetzungen, Mikroverfilmungen und die Einspeicherung und Verarbeitung in elektronischen Systemen.

http://www.gabler.de
http://www.zfb-online.de

Höchste inhaltliche und technische Qualität unserer Produkte ist unser Ziel. Bei der Produktion und Verbreitung unserer Bücher wollen wir die Umwelt schonen: Dieses Buch ist auf säurefreiem und chlorfrei gebleichtem Papier gedruckt. Die Einschweißfolie besteht aus Polyäthylen und damit aus organischen Grundstoffen, die weder bei der Herstellung noch bei der Verbrennung Schadstoffe freisetzen.

Die Wiedergabe von Gebrauchsnamen, Handelsnamen, Warenbezeichnungen usw. in diesem Werk berechtigt auch ohne besondere Kennzeichnung nicht zu der Annahme, dass solche Namen im Sinne der Warenzeichen- und Markenschutz-Gesetzgebung als frei zu betrachten wären und daher von jedermann benutzt werden dürften.

Satz: Fotosatz-Service Köhler GmbH, Würzburg

ISBN 978-3-8349-0108-8

Inhalt

Zeitschrift für Betriebswirtschaft, Special Issue 2/2005

Editorial VII

Multisensuelles Corporate Design bei Siemens
Dipl.-Designer Jürgen Barthel, München 1

Marke und Zeitgeist
Bernd M. Michael, Düsseldorf 11

Markenbewertung: State-of-the-Art
Prof. Dr. Henrik Sattler, Hamburg 33

Akquisitionsmanagement im industriellen Projektgeschäft
Prof. Dr. Dr. h.c. Sönke Albers und Dipl.-Kfm. Florian Söhnchen, Kiel 59

Direktmarketing und klassische Medien:
State-of-the-Art in der Budgetallokation
Dipl.-Kfm. Kay Peters und Prof. Dr. Manfred Krafft, Münster 81

ZfB · Grundsätze und Ziele XII
ZfB · Herausgeber/Editorial Board XIII
ZfB · Impressum/Hinweise für Autoren XIV

Best Practice im
Markenmanagement

Die Meffertsche Markenschule der Universitäten Münster und Bremen behandelt aufbauend auf der identitätsorientierten Markenführung sowohl strategische Implikationen als auch spezielle Aspekte des Markenmanagements.

Die 2. Auflage wurde vollständig überarbeitet und um neue Beiträge zu innengerichteter identitätsorientierter Markenführung, Markenevolutionsstrategien, Markenkannibalisierung, persönlichkeitsorientiertem Markenmanagement, Profilierung von Marken mit Sponsoring und Events u.a.m. erweitert. Zahlreiche Best Practice-Fallstudien zeigen, wie sich Unternehmen durch eine konsequente identitätsorientierte Markenführung erfolgreich im Markt durchsetzen.

Heribert Meffert / Christoph Burmann /
Martin Koers (Hrsg.)
Markenmanagement
Identitätsorientierte Markenführung
und praktische Umsetzung.
Mit Best Practice-Fallstudien
2., vollst. überarb. und erw. Aufl. 2005.
XXVIII, 890 S. Geb. EUR 49,00
ISBN 3-409-21821-1

Änderungen vorbehalten. Erhältlich beim Buchhandel oder beim Verlag.   65173 Wiesbaden, Tel. (06 11) 78 78-626, Fax (06 11) 78 78-420

Editorial

Aktuelle Entwicklungen in der Kommunikationspolitik

Unter diesem Motto stand die Frühjahrstagung der Erich-Gutenberg-Arbeitsgemeinschaft am 02. Juli 2004. Wissenschaftler und Vertreter der Praxis diskutierten ausgewählte Aspekte der Kommunikationspolitik. Dabei standen insbesondere die aktuellen Herausforderungen im Vordergrund, die sich in der Gestaltung und Optimierung von Maßnahmen der klassischen Werbung, der Dialog-orientierten Direktmedien, des Persönlichen Verkaufs und der Markenführung abzeichnen. Alle Referenten hoben hervor, dass veränderte Rahmenbedingungen wie bspw. „information overload", hybrides Konsum- und Informationsverhalten, die zunehmende Austauschbarkeit von Produkten oder reduzierte Marketingbudgets ursächlich für den derzeitigen Effizienzdruck und Optimierungsbedarf in den betrieblichen Funktionen des Marketing und Vertriebs sind. Das beschriebene aktuelle Umfeld erfordert somit fortschrittliche, kreative, effiziente und produktive Lösungen in der Kommunikationspolitik.

Mit dem vorliegenden Ergänzungsheft der ZfB wird anhand ausgewählter Tagungsbeiträge aufgezeigt, welchen Herausforderungen Unternehmen auf diversen Gebieten der Kommunikationspolitik gegenüberstehen. Die Beiträge dieses Ergänzungsheftes sind dem üblichen Begutachtungsverfahren unterworfen worden, wobei strenge wissenschaftliche Kriterien an die akademischen Beiträge gestellt wurden, während die Praxisbeiträge daran gemessen wurden, ob sie Führungskräften im Marketing wertvolle neue Erkenntnisse vermitteln. Das Ergänzungsheft umfasst fünf Beiträge: Die ersten drei Manuskripte von *Barthel*, *Michael* und *Sattler* behandeln aktuelle Fragen der Markenführung, während die Beiträge von *Albers/Söhnchen* bzw. *Peters/Krafft* ausgewählte Aspekte des Verkaufsmanagements bzw. der Optimierung im Direktmarketing beleuchten. Mit den letztgenannten Kapiteln wird somit auch die Verbindung zu vertriebsnahen Medien geknüpft.

Der Beitrag von *Barthel* verdeutlicht am Beispiel der unternehmensweiten Markenführung von Siemens, wie Corporate Design multisensuell, also verschiedene Sinne ansprechend, umgesetzt werden kann. Ausgehend von konzeptionellen Betrachtungen zu den Sinnen des Menschen werden sieben zentrale Elemente des Corporate Design der Marke Siemens präsentiert: Logo, Claim, Schrift, Farben, Layout, Stil und Klang. *Barthels* Ausführungen verdeutlichen, dass die klassischen visuellen Darstellungen in der praktischen Markenführung zunehmend um neue Formen der Tonalität, des Rhythmus und Klang ergänzt werden. Das Siemens-Beispiel zeigt in beeindruckender Form, dass Integrierte Marketing-Kommunikation nicht nur inhaltlich und medial, sondern auch von den Sinnen her umzusetzen ist. Für alle quantitativ orientierten Leser wird zudem beeindruckend sein, dass ein so qualitativ und kreativ anmutendes Thema wie Corporate Design sogar mathematischen Grundsätzen folgen kann – im Beispiel von Siemens lehnt sich das multisensuelle Konzept an die Zahlenreihe nach Fibonacci an.

Im populärwissenschaftlich gehaltenen Beitrag von *Michael* wird aufgezeigt, wie moderne Markenführung in einem ambivalenten Verhältnis von Konstanz und Wandel evolutorisch erfolgreich gestaltet werden kann. Auf der Basis zahlreicher plakativer Beispiele verdeutlicht *Michael*, Chairman der Werbeagentur Grey, dass Trends und Effekte des Zeitgeistes einerseits eine Chance darstellen, um Marken zeitspezifisch an die Präferenzen der Kunden anzupassen. Andererseits sind derartige Diskontinuitäten in der Markenführung stets mit der Gefahr verbunden, dass Veränderungen am Claim, dem Logo, der Verpackung oder anderen zentralen äußeren Merkmalen der Marke zu eilfertig vorgenommen werden. Die „Kunst" des modernen Markenmanagements besteht demnach in der Balance zwischen Stetigkeit (mit dem Ziel, Wiedererkennung und Sicherheit zu gewährleisten) und Wandel (um aktuelle Strömungen in der Markenführung aufzugreifen).

Sattler trägt zu diesem Special Issue mit einem Überblicksartikel zu zentralen Fragen der Markenbewertung bei. Nicht zuletzt aufgrund neuer gesetzlicher Regelungen wie der des IASB sind Unternehmen gezwungen, erworbene Marken zu bilanzieren. Und selbst für eigene Marken sollten Unternehmen in der Lage sein, die Wertsteigerung durch kommunikative Maßnahmen zu quantifizieren. Nur so ist es möglich, die Leistung von Markenverantwortlichen zu evaluieren. *Sattler* stellt zurecht fest, dass auch der Bereich der Markenführung „berechenbar" sein muss. In seinem Beitrag werden verschiedene Konzepte der Markenbewertung verglichen, zuvor Vergleichskriterien herausgearbeitet und der zukünftige Forschungsbedarf aufgezeigt. Die Quintessenz seiner Ausführungen ist, dass es zahlreiche Praxiskonzepte der Markenbewertung gibt, die sehr intransparent sind und sich somit einer seriösen, wissenschaftlichen Beurteilung entziehen. Trotz des rechtlichen Drucks ist man in der Markenbewertung noch sehr weit von einem nachprüfbaren und allgemein anerkannten Standard entfernt.

Die Arbeit von *Albers* und *Söhnchen* beschäftigt sich mit dem persönlichen Verkauf, der das zentrale Kommunikationsinstrument im Industriegütergeschäft darstellt. Dabei widmet sich der Beitrag insbesondere ausgewählten Fragen des Akquisitionsmanagements im Projektgeschäft. Aus ökonomischer Sicht ist die Frage der Allokation von knapper Zeit und beschränkten Vertriebsressourcen in der Projektakquise besonders deshalb so relevant, da diese Akquisition sich über mehrere Phasen erstreckt, extrem kostspielig sein kann und zudem mit unsicheren Einzahlungen verbunden ist. Die Autoren zeigen für einen Anwendungsfall im Maschinenbau, wie man aufbauend auf einer empirisch geschätzten Auftragsgewinnungswahrscheinlichkeitsfunktion den optimalen Akquisitionsaufwand in Abhängigkeit von Projekt-Charakteristika bestimmen kann. Auf der Ebene des Verkaufsmanagements hinterlegen *Albers* und *Söhnchen* diesen Akquisitionsprozess durch ein so genanntes Sales Funnel-Management als Controlling-Instrument. Mit diesem Konzept wird das Ziel verfolgt, als Pipeline von Projekten einen Funnel (Verkaufstrichter) anzustreben, der Phasen-übergreifend einen optimalen Ausgleich zwischen Akquisitionswahrscheinlichkeiten und –aufwendungen darstellt.

Peters und *Krafft* zeigen in ihrem Überblicksartikel auf, wie sich interaktive Formen der Kommunikation in den letzten Jahren entwickelt haben. Nicht nur neue technologische Möglichkeiten des Dialogs mittels Internet und E-Mail, sondern auch der vermehrte Einsatz klassischer Direktmarketing-Medien wie des adressierten Werbebriefs haben in der jüngsten Vergangenheit zu einer deutlichen Umverteilung von Kommunikationsbudgets von klassischen „above the line"-Medien zu Gunsten von sogenannten „below the line"-Medien, also zu Aktivitäten des Direktmarketing geführt. Die Autoren zeigen „klassische" Lösungen zur optimalen Verteilung knapper Budgets auf Medien auf und beleuchten zugleich insbesondere, wie sogenannte Mailing-Streams über die Zeit je Kunde(nsegment) dynamisch optimiert werden können. Die klassischen Ansätze und die des Direktmarke-

Editorial

ting werden dabei systematisch verglichen. Es wird abschließend deutlich, dass sowohl im Bereich der klassischen Medien als auch im Direktmarketing noch substanzieller Forschungsbedarf besteht. Die Praxis kann sich somit noch erhebliche Optimierungspotenziale erschließen.

Das vorliegende Special Issue kann keine abschließende Darstellung sämtlicher Herausforderungen und Entwicklungen der Kommunikationspolitik bieten. Es ist vielmehr zu verstehen als eine Sammlung von Beiträgen, die ausgewählte Aspekte der Kommunikation beleuchten und eine weiterführende wissenschaftliche Diskussion anregen sollen. Die Integration von zwei sehr praxisnahen Manuskripten soll den Anwendungsbezug dieses Sonderheftes unterstreichen. Es bleibt zu hoffen, dass Forscher wie Führungskräfte den Veröffentlichungen wertvolle Anregungen entnehmen können.

Abschließend sei nicht nur den beteiligten Autoren, sondern insbesondere den Kollegen *Albers* und *Sabel* gedankt, die für die inhaltliche Gestaltung der Erich-Gutenberg-Tagung verantwortlich zeichneten und letztlich als Spiritus Rector dieses Ergänzungsheftes anzusehen sind. Zudem gilt mein Dank sämtlichen Gutachtern sowie den Mitarbeitern meines Instituts an der Universität Münster, die durch intensitäts- wie zeitmäßige Flexibilität zum Gelingen dieses Special Issue beigetragen haben.

Manfred Krafft

Das gesamte Spektrum des Industriegütermarketings

Inhalt:

Theoretische Fundierungen des Industriegütermarketing

Besonderheiten industriellen Nachfrageverhaltens

Steuerung von Kundenbeziehungen

Gestaltung des Leistungsangebots

Preis- und Konditionenpolitik

Praktische Anwendungen des Industriegütermarketing in verschiedenen Branchen

Die Herausgeber:

Klaus Backhaus / Markus Voeth (Hrsg.)
Handbuch Industriegütermarketing
Strategien – Instrumente – Anwendungen
2004. XX, 1352 S. Geb. mit SU
EUR 139,00
ISBN 3-409-12501-9

Die Suche nach relevanten Wettbewerbsvorteilen tritt heute auch in technologiegetriebenen Industrieunternehmen immer stärker in den Vordergrund. Klaus Backhaus und Markus Voeth dokumentieren im „Handbuch Industriegütermarketing" den aktuellen Erkenntnisstand in Theorie und Praxis. Die aufgezeigten Fallbeispiele ausgewählter Unternehmen zeigen konkrete Umsetzungsbeispiele und können als Benchmark für eigene Überlegungen verwendet werden.

Prof. Dr. Klaus Backhaus ist Direktor des Instituts für Anlagen und Systemtechnologien im Marketing Centrum der Westfälischen Wilhelms-Universität Münster und Honorarprofessor für strategisches Technologiemanagement an der Technischen Universität Berlin.

Prof. Dr. Markus Voeth ist Inhaber des Lehrstuhls für Marketing im Institut für Betriebswirtschaftslehre der Universität Hohenheim.

www.gabler.de

Änderungen vorbehalten.
Erhältlich im Buchhandel oder beim Verlag.

Abraham-Lincoln-Str. 46 · 65189 Wiesbaden · Tel: 06 11.78 78-626

Multisensuelles Corporate Design bei Siemens

Von Jürgen Barthel

Überblick

- Die Markenphilosophie und die Markenführung von Siemens wurden in den vergangenen Jahren umfassend aktualisiert, das Erscheinungsbild entsprechend neu definiert. Die so genannten „Brand Elements" Logo, Claim, Schrift, Farbe, Layout, Stil und Klang sind die Parameter des weltweiten Corporate Design.

- Der Text gibt einen Einblick in die grundsätzliche Haltung der Marke Siemens und in die spezielle globale Corporate Design-Strategie. Einen Schwerpunkt bildet die Erweiterung des bislang vorrangig visuellen Erscheinungsbildes um das Element Klang.

- Dieser neue audiovisuelle Ansatz ist Ausgangspunkt für eine grundsätzliche Reflexion über ein erweitertes Corporate Design-Verständnis, das im Idealfall alle Sinne umfasst und synästhetische Phänomene/Effekte berücksichtigt und nutzt.

Eingegangen: 21. Oktober 2004

Jürgen Barthel, Senior Project Manager Corporate Design, Siemens AG, München, juergen.barthel@siemens.com

© Gabler-Verlag 2005

Jürgen Barthel

A. Die Sinne und der Sinn

Am Anfang steht die Beschreibung der Sinne im „Neuen ABC-Buch" von Karl Philipp Moritz. Er beschreibt Gesicht, Gehör, Geruch, Geschmack und Gefühl als die fünf Elemente menschlicher Wahrnehmung, die selten isoliert wirken, sondern gerade in ihrer Kombination und gegenseitigen Ergänzung ganzheitliche Orientierung bieten. Als überzeugter Vertreter der Aufklärung macht Moritz aber auch deutlich, dass der Mensch sich seiner Sinne bewusst sein muss, dass er sie mit Vernunft einsetzen soll und dass alle sinnliche Wahrnehmung erst im Geist zur Erfahrung wird.

Wenn der Knabe die Worte im Buch zwar sehen, aber nicht lesen kann, helfen ihm vielleicht die daneben stehenden Bilder zum ersten Verständnis. Die Orgel muss gespielt werden, um zu klingen. Der Mensch hingegen singt und spricht aus eigenem Antrieb. Den Geruch einer Blume kann man nicht sehen, aber riechen; den Geschmack von Essig nicht sehen, aber schmecken; die Luft kann man nicht sehen, aber fühlen. Denken kann der Mensch aber nicht mit der Hand, den Augen oder Ohren – er denkt mit seinem Geist (Moritz 1981, S. 351ff.).

Dies führt zur Hypothese, dass es für die Konzeption und Gestaltung von Kommunikation wichtig und richtig ist, an alle Sinne zu denken, sie geschickt und bewusst einzusetzen und zu kombinieren. Im Rahmen integrierter Kommunikation gilt dies konsequenterweise für den gesamten Markenauftritt.

B. Wirkungsfeld Siemens

Vor der Darstellung, wie und warum dieser multisensuelle Ansatz im Erscheinungsbild der Marke Siemens ein- und umgesetzt wurde, sollte man einen kurzen Blick auf Siemens selbst werfen.

Siemens ist ein weltweit führendes Unternehmen der Elektronik und Elektrotechnik. Es zeichnet sich organisatorisch durch eine föderale dezentrale Struktur aus, die sich als Matrix-Organisation beschreiben lässt.

Mit mehr als 420.000 Mitarbeitern in 190 Ländern der Erde, mit mehr als 100.000 Produkten und Angeboten in den Gebieten Informations and Communications, Automation and Control, Power, Transportation, Medical und Lighting haben wir ein großes komplexes Gebilde vor uns.

Um dieser Komplexität des Unternehmens in der Kommunikation gerecht zu werden, um die gemeinsamen Wesenszüge der Marke transparent zu machen, setzt man bei Siemens auf die Systematik der so genannten Kommunikations-Plattform. Sie berücksichtigt den metaphorischen Markenkern „Siemens ist ein Architekt der modernen globalen Gesellschaft" ebenso wie den Markencharakter, das Leitbild und die zentralen Unternehmensbotschaften.

C. Die Corporate Design-Strategie

Auf dieser Basis gilt es im Corporate Design eine Stimmigkeit zwischen innen und außen herzustellen, eine Einheit von Schale und Kern zu gestalten und diese zu kommunizieren.

Der Dichter Oscar Wilde hat gesagt: „The surface is all the truth." (Haffmans 2000, S. 104). Der damit postulierte Vorrang der Äußerlichkeit gilt aber nicht uneingeschränkt. So sagt der Kunsthistoriker Ernst Hans Gombrich: „Denn unsere Welt ist eben nicht nur eine Welt der harten Sachen im Raum. Sie ist ebenso eine Welt der Symbole, wo jene Unterscheidung zwischen Schein und Wirklichkeit selbst keine Realität mehr hat." (Gombrich 2002, S. 85). Wir müssen also dem bloßen Schein Symbolkraft und Sein verleihen.

Diese Position stimmt mit der Entwicklung und dem aktuellen Selbstverständnis des Fachgebietes überein. Stand ursprünglich das Corporate Design im Mittelpunkt des Interesses, so rückte in den siebziger Jahren der integrierte Ansatz einer Corporate Identity nach, der schließlich in den neunziger Jahren durch das noch heute bestimmende Corporate Branding ersetzt wurde. Marke und Markenführung stehen zunehmend im Zentrum eines komplexen Kommunikationssystems – dessen visuelle Gestaltung aktuell und lebendig gehalten werden muss.

Um diese Vitalität zu erreichen, wurden für Siemens neue Prinzipien im Corporate Design erarbeitet und umgesetzt:

- Beschränkung auf wenige einfache Regeln (sieben Brand Elements), aber Angebot möglichst vieler digitaler Arbeitshilfen in Form von Templates.
- Strategische Betonung positiver kreativer Impulse – Vermeidung allzu vieler Verbote. Selbst Vorbild sein, sich mit persönlichem Engagement einbringen. Freude haben an der Leistung und Kreativität Dritter, Impulse aufnehmen und verstärken.
- Freiwilligkeit steht über Zwang. Gestaltung eines offenen Systems, das geprägt ist von Liberalität, Selbstbestimmtheit und Gruppendynamik.
- Prinzipiell freier Zugang zu allen Informationen für alle Interessenten – vor allem über die Extranet-Online-Plattform /brandville – mit weltweiter zeitunabhängiger Verfügbarkeit. Förderung offener Kommunikation und hierarchiefreier Dialogmöglichkeiten.

Mit diesen Prinzipien steuert Siemens einen kontinuierlichen Prozess der Veränderung: Aus der Unternehmensstrategie entwickelt sich die Markenstrategie, aus der dann die Design-Strategie abgeleitet wird. Die formalen Parameter (Brand Elements) schaffen in ihrer Anwendung das Erscheinungsbild (Corporate Design) der Marke.

Wegen der föderalen Struktur des Unternehmens werden die zentralen Design-Parameter auf dezentrale Regelwerte übertragen, deren Anwendung in der Praxis zu kritischer Rückmeldung führt. In diesem Regelkreislauf sind Detail-Optimierungen im laufenden Prozess problemlos möglich und gewünscht.

So wird ein starres System vermieden, denn, wie Robert Musil einmal gesagt hat: „Eine vollkommene Ordnung wäre der Ruin allen Fortschritts und Vergnügens." (Musil 1955, S. 433).

D. Die sieben Brand Elements

Wie bereits oben angedeutet, bestimmen lediglich sieben Parameter das Corporate Design von Siemens: Logo, Claim, Schrift, Farben, Layout, Stil und – ergänzend etwas später hinzugekommen – Klang.

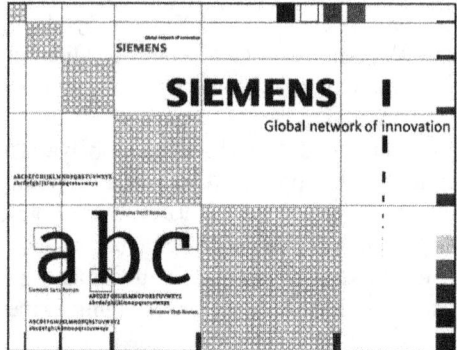

Abb. 1. Die Brand Elements von Siemens

I. Das Logo

Natürlich steht das typografische Markensymbol am Anfang. Dennoch ist es wichtig darauf hinzuweisen, dass die Marke schon mit dem geschriebenen, ja vor allem zuerst mit dem gesprochenen Namen beginnt. Mit dem Aussprechen des Namens beginnt Identität.

Das Logo Siemens blieb über die Jahre weitgehend unverändert – dies ist ein Zeichen hoher Kontinuität: Der Basisentwurf aus dem Jahr 1936 von Hans Domitzlaff war die Grundlage für das Redesign von Pierre Mendell aus dem Jahr 1991.

Dem Logo ist eine typische Farbe (Petrol) zugeordnet, es kann aber auch in unbunten Farben (Schwarz, Weiß, Silber) erscheinen. Das Logo darf frei platziert werden, wobei die optimale optische und kommunikative Wirkung des Logos im Mittelpunkt steht. Das heißt, es soll je nach Situation nicht zu klein (leise), aber auch nicht zu groß (laut) sein.

II. Der Claim

Mit dem Claim „Global network of innovation" wurde die Positionierung des Unternehmens verbal verdichtet. Der Claim wird weltweit eingesetzt, in der Regel in Englisch. Auch in der Marketing-Kommunikation (Werbung) soll und kann der Claim verwendet werden, soweit dies bezogen auf spezifische Produkte und Zielgruppen sinnvoll ist. Der Claim ist der einzige verbale Zusatz, der unmittelbar zusammen mit dem Logo Siemens erscheinen darf.

III. Die Schrift

Mit der Entwicklung einer zeitgemäßen Markenphilosophie in den Jahren 1999/2000 entstand der Gedanke, für Siemens eine eigene typische Schrift zu entwerfen. Diese Idee fand die spontane Zustimmung durch den Vorstand, so dass dieses ehrgeizige Projekt schnell und uneingeschränkt realisiert werden konnte.

Der Schweizer Typograf Hans-Jürg Hunziker entwickelte auf der Grundlage der Markenwerte mit hoher Sorgfalt die charakteristische Schriftfamilie Siemens – mit den drei Familienmitgliedern Sans, Serif und Slab.

Die Schrift umfasst insgesamt achtzehn Grundschnitte, die auch als Expertenfonts mit Kapitälchen bzw. Mediävalziffern zur Verfügung stehen. Die Schrift zeichnet sich durch hohe Ästhetik, Lesbarkeit und Funktionalität aus. Sie wird exklusiv bei und für Siemens eingesetzt, fand aber auch in externen Fachkreisen Zustimmung und Beachtung.

Abb. 2. Die Schriftfamilie Siemens

IV. Die Farben

Grundsätzlich will Siemens mit einem neuen Farbsystem dem Unternehmen einen frischen emotionalen Ausdruck verleihen. Die bereits erwähnte Farbe Petrol bleibt dem Logo vorbehalten, die eigentliche Farbpalette umfasst Gelb, Orange, Rot, Blau und Grün. Die fünf Farben wurden jeweils in harmonischen Halbtonreihen definiert. Schwarz, Weiß und Grautöne sorgen dafür, dass unser Auftritt farbig wird, aber nicht bunt.

V. Das Layout

Der formale Auftritt der Marke Siemens wird durch eine spezifische Rhythmik definiert, die auf dem Algorithmus von Leonardo Fibonacci basiert. Die so genannte Summenzahlenreihe (1, 1, 2, 3, 5, 8, 13, ...) gibt ein universelles Verhältnisprinzip vor, das – mit höheren Fibonacci-Zahlen immer exakter – dem Goldenen Schnitt entspricht. Die Fibonacci-Reihe

Abb. 3. Das Layoutprinzip Fibonacci

findet Anwendung in der Mathematik, in der Ästhetik, in der Musik, in der Architektur, in der Musik ... und eben auch in der Natur.

Mit der Einführung des Fibonacci-Prinzips im Corporate Design von Siemens waren der differenzierende Gedanke, das Identifikations-Symbol und die merkfähige Geschichte (im Sinn von „story telling") für das Neue gefunden. Das neue Erscheinungsbild hatte einen Namen und ein Gesicht bekommen und konnte wohl auch deshalb spontan angenommen und erfolgreich umgesetzt werden.

Die nach oben offene dynamische Zahlenreihe wurde vielfältig auf die einzelnen Themen des Corporate Design übertragen: Logo-Größen, Schrift-Größen und Halbton-Stufen folgen dem Prinzip ebenso wie der Rasteraufbau im Layout aller Medien, von den Drucksachen bis zum Internet.

VI. Der Stil

Wie schon im Absatz „Die Farben" erwähnt, war die Emotionalisierung im formalen Auftritt der Marke ein erklärtes Ziel. Umfassende Untersuchungen hatten gezeigt, dass die Marke Siemens zwar geachtet und respektiert, oftmals aber als zu „distanziert" erlebt wird.

Die Veränderung von sprachlicher und visueller Tonalität einer Marke ist sicherlich ein mittel- bis langfristiger Prozess. Erste Erfolge konnte man jedoch schon kurzfristig durch die Weiterentwicklung der Bildwelt erzielen. In einer mehrtägigen Fotoaktion wurde beispielsweise die Konzernzentrale in München auf ungewöhnliche, aber ganz natürliche Weise „porträtiert": Es entstanden authentische Bilder, die international begeistert angenommen und eingesetzt worden sind.

Diese Fotos dienten dann als Ausgangsmaterial für ein bemerkenswertes Experiment: Die Motive wurden am Computer auf Basis des Algorithmus von Fibonacci (siehe Punkt D.V.) permutativ bearbeitet. Es entstanden interessante „Innovative Bildstrukturen" von großer grafischer Schönheit, die im Ganzen und im Detail das harmonische Proportionsprinzip in sich tragen und somit bis ins kleinste fraktale Element „selbstähnlich" sind.

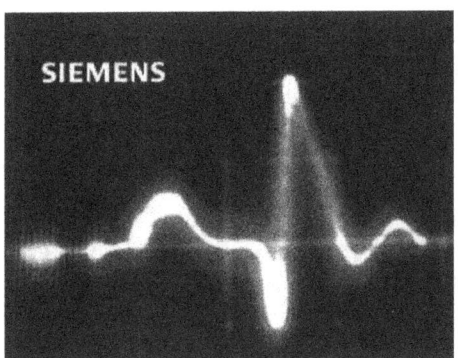

Abb. 4. Das Brand Element Klang

VII. Der Klang

Mit der Einführung des Brand Element Klang hat das Erscheinungsbild von Siemens eine entscheidende Erweiterung erfahren. Dabei ging es uns ausdrücklich nicht darum, nur ein akustisches Symbol oder Signal für die Marke zu schaffen. Es handelt sich vielmehr um eine Fortschreibung der Design-Philosophie im auditiven Bereich.

So folgt die neue „Akustische Signatur Siemens" in ihrer musikalischen Rhythmik ebenso der Fibonacci-Reihe wie die Logo-Animation mit ihrer sich dynamisch öffnenden Fächerbewegung.

Diese pragmatisch nahe liegenden Elemente werden durch die übergreifende Idee einer „Soundscape Siemens" ergänzt, die sich auf die Überlegungen des kanadischen Klangexperten Murray Schafer beziehen: So wie man einer Landschaft, einer Stadt, einem Raum einen charakteristischen Klang zuordnen kann, ist dies auch für eine Marke möglich. Dabei spielen die im Hintergrund stehenden „Grounds" und im Vordergrund stehenden Klangereignisse der „Figures" eine entscheidende Rolle.

Bestrebt diesem Prinzip zu folgen, wurden authentische Klänge aus dem Klangraum Siemens gesucht, gefunden und bearbeitet. Alle Klangelemente, von der Akustischen Signatur über das gesprochene „Siemens" oder den gesprochenen Claim „Global network of innovation" bis hin zu den typischen „Grounds & Figures", sind in einer „Sound-Box" übersichtlich zusammengefasst.

Komponisten und Sound-Designer können mit diesem Material das audiovisuelle Bild der Marke adäquat gestalten. Das Einsatzgebiet umfasst nahezu alle Felder multimedialer Kommunikation: Von der Werbung über produktbezogene Anwendungen bis hin zur Filmmusik und zu Klanginszenierungen in der Architektur.

Das alles muss man freilich sehen und hören. Es wurde deshalb im Internet unter >www.siemens.com/soundbranding< ein allgemein zugänglicher kurzer Spot platziert, der unser Klangkonzept audiovisuell zusammenfasst. Da das Thema neu und ungewohnt ist, steht man bei Siemens natürlich erst am Anfang einer umfassenden Implementierung des Markenelements Klang. Doch auch so kommt Schritt für Schritt das Neue in die Welt.

Abb. 5. Die Corporate Design-Mappe „Druckfarben"

E. Ausklang

Abschließend ist noch zu betonen, dass in der Vermittlung des neuen Corporate Design neben der persönlichen Kommunikation im Wesentlichen auf das Medium Internet gesetzt wurde. Die Online-Plattform /brandville ist sozusagen das Rückgrat der Kommunikation um die Marke Siemens. Die stetig steigende Zahl der aktiven „Citizens" gibt Bestätigung, diesen Weg konsequent weiterzugehen.

Dennoch ist eine Vermittlung visueller Qualität im Online-Medium nur bedingt möglich. Deshalb gibt es neben den zentral verfügbaren digitalen „Contents/Templates/Tools/Downloads" sorgfältig gestaltete und verarbeitete Druckmedien, die dem flimmernden Bildschirm haptischen und optischen Genuss entgegensetzen. So entstanden neben der imposanten großformatigen Markenbibel eine schöne Serie von Corporate Design-Mappen und eine abwechslungsreiche Buchreihe, welche die Möglichkeit geben, spezielle Themen auch mit gewinnender Sinnlichkeit zu vermitteln.

Literatur

Beutelspacher, A. und Petri, B. (1996): Der Goldene Schnitt, Heidelberg.
Domitzlaff, H. (1992): Die Gewinnung des öffentlichen Vertrauens, Hamburg.
Giusti, E. (2002): Un ponte sul Mediterraneo / Leonardo Pisano, la scienza araba e la rinascita della matematica in Occidente, Firenze.
Gombrich, E.H. (2002): Kunst & Illusion/Zur Psychologie der bildlichen Darstellung, Berlin.
Haffmans, G. (2000): Oscariana oder Wildes Denken, Zürich.

Jackson, D.M. (2003): Sonic Branding, New York.
Mendell, P. (2001): Auf den ersten Blick, Baden.
Moritz, K.P. (1981): Erfahrung, Sprache, Denken, Werke (Dritter Band), Frankfurt am Main.
Musil, R. (1955): Tagebücher, Aphorismen, Essays und Reden, Reinbek.
Schafer, R.M. (1977): The Tuning of the World, Toronto.
Schafer, R.M. (2002): Anstiftung zum Hören, Aarau.
Seel, M. (2003): Ästhetik des Erscheinens, Frankfurt am Main.
Siemens AG (Hrsg.) (2001): Wer wir sind □ Vision für die Marke Siemens, München.
Siemens AG (Hrsg.) (2001): Unsere Schrift, München.
Siemens AG (Hrsg.) (2002): Fibonacci, München.
Siemens AG (Hrsg.) (2002): Entwerfen mit Fibonacci, München.
Siemens AG (Hrsg.) (2003): Dialog (Corporate Design), München.
Siemens AG (Hrsg.) (2004): Brand Charta, München.

http://www.siemens.com
http://www.siemens.com/soundbranding
http://brandville.siemens.com

Zusammenfassung

Dieser Text beschreibt die aktuellen Strategien der Markengestaltung bei Siemens. Vor dem Hintergrund der allgemeinen Prinzipien werden die so genannten Brand Elements vorgestellt: Logo, Claim, Schrift, Farben, Layout, Stil und Klang.

Die generelle Zielsetzung einer Emotionalisierung des Markenauftritts hat zu einer verstärkten Einbeziehung nichtvisueller Elemente im Erscheinungsbild geführt. So werden heute bei Siemens die klassischen, rein visuellen Corporate Design-Disziplinen um Themen wie Tonalität, Rhythmus und Klang ergänzt. Die Dimension von Corporate Design wird so entscheidend erweitert.

Summary

This text describes Siemens' current brand design strategies. Besides providing a general backgrounder on the fundamental principles involved, it highlights our so-called brand elements: the logo, claim, typeface, colors, layout, style, and sound.

The general objective of emotionalizing our brand presence has led to greater incorporation of non-visual elements into our corporate design. Today, for example, new dimensions like tonality, rhythm, and audio complement the classic, purely visual disciplines, adding new breadth to our corporate design.

JEL: M37

Lexikon-Highlights bei Gabler

Aktuell und umfassend: Das Standardwerk im Marketing

Manfred Bruhn / Christian Homburg (Hrsg.)
Gabler Lexikon Marketing
2. Aufl. 2004. XXIV, 924 S.
Geb. EUR 49,90
ISBN 3-409-29971-8

Marktforschung – wissenschaftlich fundiert und umfassend präsentiert

Dieter K. Tscheulin / Bernd Helmig (Hrsg.)
Gabler Lexikon Marktforschung
2004. XI, 566 S.
Geb. EUR 54,90
ISBN 3-409-11891-8

Auf einen Blick: Die wichtigsten Begriffe der Medienwirtschaft!

Insa Sjurts (Hrsg.)
Gabler Lexikon Medienwirtschaft
2004. XXIV, 676 S.
Geb. EUR 69,00
ISBN 3-409-12451-9

Änderungen vorbehalten. Erhältlich im Buchhandel oder beim Verlag. Abraham-Lincoln-Str. 46 · 65189 Wiesbaden · Tel.: 06 11.78 78-626 · www.gabler.de GABLER

Marke und Zeitgeist

Von Bernd M. Michael

Überblick

- Der Beitrag zeigt, dass Marken, die im Zeitgeist geführt werden, mehr zur Wertschöpfung der Unternehmen beitragen können. Dabei löst Marken-Evolution die rein lebenszyklus-orientierten Strategien ab. Der Begriff „Just in time-Markenführung" bietet sich an, weil die Wirkung des Zeitgeistes auf die Marken eine zeitnahe Anpassung der Strategien und Führungsinstrumente erfordert.

- Der Markenführung droht aber gleichzeitig eine Zeitgeist-Falle. Denn die Öffnung der Markenkonzepte gegenüber neuen Trends in der Gesellschaft verführt zur Diskontinuität in der Führung der Marken. Die Marke kann von ihrem Kurs abkommen, Kult oder Mode werden. Und sie wird schnell Opfer eilfertiger Anpassung.

- Andererseits können Unternehmen den Zeitgeist als ökonomisches Kraftfeld nutzen. Die Wirkung des Kraftfeldes ist vergleichbar mit einer Quelle, aus der die Markenführung Inspiration und Ideen schöpfen kann. Für die praktische Umsetzung werden sensible Marketing-Instrumente benötigt, um die Veränderungsprozesse der Markenführung präzise zu beherrschen. Die Praxis beweist, dass Marken erfolgreich werden, wenn sie ihr Ansehen optimal auf Lebensphasen und Zeitgeist-Anforderungen anpassen.

- Die Marke verändert sich in Zukunft immer häufiger von einer Mono-Funktion in eine Multi-Funktion. Nicht zuletzt aus Gründen der economies of scale, aber auch auf Grund des eingeschränkten Auffassungs- und Lern-Vermögens der Menschen findet diese Entwicklung statt. Die Marke entwickelt sich von der reinen Vermarktungsfunktion von Produkten und Dienstleistungen hin zu Feldern und Zielgruppen, die im weitesten Sinne auf Unternehmen Einfluss nehmen: der Kapital-Markt, der Personal-Markt, der Markt der Lieferanten und Partner oder – besonders wichtig – die breite Öffentlichkeit.

- Die Marke wandert von ihrer historischen Bedeutung als Instrument der Hersteller in vollkommen neue Gebiete. Diese Gebiete reichen von Produkten, Dienstleistungen, Investitionsgütern, über Handel (on- oder offline), über Institutionen und Corporations bis zu Einzelpersonen. Überall kann „Marke" den Wert und das Ansehen hinzu addieren, das aus der Realität und den Fakten alleine nicht entsteht.

Eingegangen: 16. März 2005

Bernd M. Michael, Chairman Grey Global Group Europe, Middle East & Africa, Corneliusstraße 12-36, 40215 Düsseldorf

© Gabler-Verlag 2005

Bernd M. Michael

Einst bekannte Marken wie Opel, Karstadt, Lego oder Warsteiner stecken tief in der Zeitgeistfalle. Sie haben deutlich an Bedeutung für die Konsumenten eingebüßt. Aber auch viele andere Unternehmen und Marken bewegen sich – zum Teil noch unsichtbar – in einer Abwärtsspirale ihres Ansehens. Zuerst weichen die Sympathiewerte auf, dann die Relevanzwerte. Schließlich entscheidet sich der Konsument gänzlich, Produkte dieser Marke nicht mehr zu kaufen. Eine typische Reaktion der Unternehmen ist dann die Beauftragung von Sanierern. Die Kosten, nicht das Thema Markenführung, bestimmen die Richtung des strategischen Gegensteuerns. Wenn aber Kunden tausendfach Verträge auflösen oder sich gänzlich dem Konsum bestimmter Marken „verweigern", leidet auch der Markenwert darunter. Das Unternehmen muss sich und seine Marken neu justieren und die Markenführung auf kulturelle Strömungen in der Gesellschaft ausrichten.

BMW zeigt am Beispiel des Mini sehr eindrucksvoll, wie ein Unternehmen eine Traditions-Marke verjüngen und sie in den Zeitgeist zurückführen kann. Respekt vor der Identität dieser Marke und feinfühliger Umgang mit dem Zeitgeist machten aus leicht angestaubtem Mythos wieder einen neuen Wert für die Kunden. Die Marke Mini inszeniert Innovation und Zeitgeist wie sonst keine andere Automobilmarke. Und doch bewahrt der Mini soviel Tradition und technische Grundwerte wie sie für das Wiedererkennen durch den Kunden nötig sind.

Warum aber gelingt es der Zeitgeistmarke Smart im vergleichbaren Automobilmarkt-Segment nicht, die Kunden erfolgreicher anzusprechen? Smart ist Trendsetter, Innovator – aber ohne eine gewachsene Identität gleicht die Marke einer einstufigen Rakete, deren Schubkraft für die Reise zu den Sternen wohl nicht reicht. In der Markenführung von Smart wird weiter experimentiert, neujustiert und umpositioniert.

Die Praxis der Markenführung zeigt, wie der Zeitgeist als Quelle der Inspiration wirkt und so zum ökonomischen Kraftfeld werden kann. Aber der Zeitgeist ist nicht automatisch – und bei weitem nicht als einziger Erfolgsfaktor – für Aufstieg und Wert einer Marke verantwortlich. Der Zeitgeist inspiriert und motiviert Konsumenten, den Wandel zu leben. Er gibt oft sogar das Tempo dieses Wandels vor. Die Marke muss diesen Empfindungen und Erwartungen Rechnung tragen und gegebenenfalls die eigene Position anpassen. Eine erfolgreiche Markenführung verleugnet bei allen Referenzen an den Zeitgeist jedoch nicht die Kernkompetenzen ihrer Marken.

Die kulturelle Entwicklung in den vergangenen Dekaden hat sich deutlich beschleunigt. Das Tempo ist schneller geworden, heute ist Zeitgeist, was übermorgen längst vergessen ist. Wie wird nun Zeitgeist definiert?

„Als Zeitgeist bezeichnet man die Besonderheiten des Denkens und Empfindens, der Ideale und Werte in einer bestimmten geschichtlichen Epoche." Man verwendete im 18. und 19. Jahrhundert auch die Synonyme genius saeculi, Geist der Zeit und Geist der Zeiten. (PhilLex 2005)

Doch wie geht das Brand Management mit dem Thema richtig um? Wie kommt es, dass starke Trends nicht richtig umgesetzt oder ganz verpasst werden? Oder: Warum lässt sich Markenführung vom Zeitgeist „blenden"? Die Lehre aus diesen Beobachtungen:

- Eine Marke darf einerseits den Zeitgeist nicht überholen. Sie riskiert damit, zur reinen Modeerscheinung zu werden und damit schnell ihre Bindung an Markt und Kunden zu verlieren.

- Eine Marke darf anderseits nicht zu weit hinter dem Zeitgeist – also zu traditionsgebunden – operieren, weil konservative Markenbilder schnell angestaubt wirken können. Die Konsumenten von heute identifizieren sich nicht gerne mit Auslaufmodellen.

Es ist anzunehmen, dass der Zeitgeist wie in den letzten Jahrzehnten auch im 21. Jahrhundert die *imaginäre Materie* ist, aus der langfristige Unternehmens- und Markenerfolge wachsen können. Die Marketing-Wissenschaft sieht Wechselwirkungen zwischen Zeitgeist und Wertewandel der Konsumenten:

Dabei werden zwei Ebenen in der Wertepyramide der Konsumenten von einander abgegrenzt (Kotler/Bliemel 2001, S. 319 f.). Sie trennen *Grundwerte* der Menschen wie „Arbeit, Ehe, Wohltätigkeit, Ehrlichkeit" von *Sekundärwerten* wie „dem Wunsch jung zu bleiben oder Fitness bis in das hohe Alter zu erhalten".

Die Grundwerte sind gegenüber Änderungen des Zeitgeistes immun. Unternehmen sollten daher nicht versuchen, die Beständigkeit der Grundwerte anzutasten. Die Marketingforscher lenken stattdessen den Blick auf Chancen im Reich der *sekundären Wertvorstellungen*.

Unternehmen können sehr wohl über diese Werte, die vom Zeitgeist und kulturellen Trends beeinflusst sind, ihre Marken steuern und mit neuen Eigenschaften, neuen Verpackungen ihre Produkte und Dienstleistungen „verjüngen" und damit den Zeitgeist für sich nutzbringend einsetzen.

Deshalb nimmt eine offene Markenführung permanent Elemente des Zeitgeistes auf. Dies wird als Grundvoraussetzung für die Evolution der Marke gesehen.

A. Zur Evolution der Marke im Zeitgeist

Strategische Markenführung erlebt zur Zeit große Herausforderungen. Trends und sekundäre Werte, Normen wechseln und variieren schneller als jemals zuvor. Dabei erlebt Markenführung selbst einen Paradigmenwechsel. Die „neue" Markenführung akzeptiert keinen Lebenszyklus der einzelnen Marke mehr. Das Management spezifischer Phasen der Marken-Lebenskurve (Einführung, Aufschwung, Reife/Sättigung oder Schrumpfung) ist ein Relikt aus guten, alten Tagen, weil das Informations- und Medienzeitalter die permanente *Evolution* der Marke möglich gemacht hat.

Zum ersten Mal in der Geschichte des Markenartikels verschwinden mehr Konsumgütermarken vom Markt als neue hinzukommen. Für diese Entwicklung sprechen zahlreiche Gründe:

- Der Konsument verlangt Orientierung. Das Marketing von heute muss sich die Mahnung gefallen lassen, zuviele Segmente zugleich adressieren zu wollen bzw. mit einer übertriebenen Individualisierung in der Vergangenheit allen Anforderungen des Kunden gerecht werden zu wollen. Am Ende ist der Mensch mit 134 verschiedenen Shampoos einfach überfordert noch eine für ihn optimale und schnelle Entscheidung zu treffen.
- Der Konsument als Souverän der Märkte übt seit einigen Jahren in Deutschland eine starke Kaufzurückhaltung. Diese reicht teilweise bis hin zur kompletten Konsumverweigerung. Discountmärkte und mit ihnen der günstige Preis sind gesellschaftsfähig geworden und keine alleinige Frage von notwendiger Kaufkraft mehr. Der Blick auf den

günstigen Preis ist zu einer Art Volkssport geworden. Es gibt jedoch Anzeichen, dass sich dieser Run in die Banalität und Trivialität insbesondere der in Markenkommunikation zukünftig selbst erstickt: Er führt zur Lustlosigkeit sowie Langeweile bei den Menschen. Es ist damit abzusehen, dass der Wunsch nach Qualität, Substanz und Genuss an Bedeutung zurückgewinnt.

- Die Informationsflut und die fast unbegrenzte Zahl von Marken (allein in Deutschland sind mehr als 50.000 Marken gezählt) hat zu einer Erschöpfung des Fassungs- und Lernvermögens der Verbraucher geführt. Und die economies of scale für Mono-Marken geraten aus dem Tritt. Der Werbedruck setzt sich nicht zwangsläufig in höheren Abverkauf der Mono-Marken-Produkte um. Sie erzielen keinen ausreichenden Return of Investment mehr. Deutlich macht sich diese Entwicklung in der Bereinigung der Mono-Marken-Portfolios vieler Großunternehmen und Fokussierung auf starke Dach- und Kompetenzmarken.
- Die Sanduhr-Theorie wird zur Realität. Die Mitte im Markt verschwindet. Die Konsumgeschichte der letzten Dekade führte zu einem zweigeteilten Markt: Auf einer Seite dominierte das Verwöhn-Shopping die Diskussion, während auf der anderen das Smart-Shopping Realität wurde. Die Markenführung muss beide Treiber des Konsums zeitgeist-sensibel, d.h. unter Beachtung kultureller Strömungen ansprechen. Bereits heute ist die Polarisierung in diese beiden Marktsegmente in fast schon allen Märkten sichtbar. Die Zukunft der Märkte teilt sich in zwei Kaufmotivationen: In den Teil, den man unbedingt braucht – auf neudeutsch: Needs – und den Teil, den man gerne hätte – auf neudeutsch: Wants. Diese beiden Nutzenfelder werden den Markt der Zukunft bestimmen (s. Abb.1).

Das *Verwöhn-Shopping* als oberer Bereich der Sanduhr erfordert die Berücksichtigung des Wunsches (fast) jedes Menschen nach eigener Belohnung, dem Bestreben, sich zu ver-

Abb. 1. Die Polarisierung der Märkte

wöhnen und etwas Gutes zu gönnen. Gerade wirtschaftlich schwierige Zeiten unterstützen diesen Wunsch. Welten wie die von *Harley Davidson*, *Adidas*, *Swarovski*, aber auch von *Birkenstock* zeigen das Bedürfnis nach einem gewissen Luxus auf allen Ebenen.

Im Gegensatz dazu stehen die so genannten *Smart Shopper*, die Value for Money bei Discountern wie *Aldi* oder *Lidl* suchen. Sie lassen sich von aggressiven Preiskonzepten bei Händlern wie dem *Media-Markt* oder *Schlecker* überzeugen oder genießen das Shopping bei Lust-Discountern vom Typ *Tchibo* oder *H&M*.

Die Folge ist, dass Handelsmarken deutlich an Marktanteilen gewinnen und dabei sogar Marktführer-Marken im Wachstum überholen (AC Nielsen Global Services 2003). Der vom Kunden gefühlte Abstand zwischen Handels- und Herstellermarke wird immer geringer. Groß angelegte Tests, exemplarisch sind die Ergebnisse der Stiftung Warentest, bestätigen die vergleichbare Qualität von Handelsmarken. Werden die Konsumenten der Zukunft deshalb zu 100 Prozent Smart Shopper sein? Bereits im Jahr 1995 (Grey 1995) betrug ihr Anteil unter allen Konsumenten 35 Prozent. Marken müssen sich deshalb in einer Zeit behaupten, in der jeder den Preis, aber keiner mehr den Wert von Waren kennt: In einer Überflussgesellschaft wird nicht mehr das Angebot knapp, sondern die Wünsche. In diesem Sinn wirkt Zeitgeist als Biotop, aus dem neue Wünsche wachsen.

Markenführung kennt heute somit keinen Stillstand mehr. Vielmehr treibt der Zeitgeist die Marken zu immer neuer Dynamik. Diese Marken im Zeitgeist erobern sich täglich neue Geschäftsfelder, die später kaum von anderen zurückzugewinnen sind.

I. Die Marke wandert vom Hersteller in andere Gebiete

Vom klassischen Markenartikel ausgehend verbreitet sich der Markengedanke über alle Branchengrenzen hinweg bis in das öffentliche Leben der modernen Gesellschaft. Diese Entwicklung begann in den 1990er Jahren mit dem Aufschwung der Service-Marken. Das Informations- und Dienstleistungszeitalter versorgte die Konsumenten mit immer neuen Leistungen in schwer überschaubaren Märkten und mit hochkomplexen Produkten. Nur über eindeutige Markierung können sich Anbieter differenzieren und Kunden orientieren.

- *Unternehmer im Dienstleistungssektor* waren lange Zeit bekennende „Marken-Muffel" und Deutschland wurde als eine „Service-Wüste" angesehen. Auf dem sandigen Boden wuchs kaum ein Marken-Pflänzchen. Das hat sich grundlegend geändert. Die Marketing-Forschung ist überzeugt:
  Dienstleistungsmarken schaffen Überlegenheit im Wettbewerb, weil sie als Vertrauensanker dienen und Signale für die Differenzierung der Angebote setzen können. Marketing-Forscher liefern die Begründung für diese Entwicklung: Produkte in diesem Bereich haben es besonders schwer, ihren Kunden die Glaubwürdigkeit von Qualitätsversprechen zu kommunizieren und die Identifikation mit der gebotenen Leistung abzusichern (vgl. Stauss 1998, S. 559 f.).
  Banken, Versicherungen, Unternehmen aus Versorgung, Verkehr und Logistik, die Medien, Sport-, Kultur- und Freizeitprogramm-Anbieter, Internet-Provider, Online-Shops, Touristikunternehmen, Spendenorganisationen, politische Parteien oder die Kommunen haben die Marke für sich entdeckt. Sie investieren hohe Beträge, die in die

Millionen gehen, um ihre Marken zu wertvollen Objekten für die Kunden zu machen. Gerade Dienstleistungen mit den emotionalen und persönlich nahen Services benötigen deshalb in ihrer Markenführung den Zeitgeist.
- *Corporations* zeigen Flagge. Aus der guten alten Unternehmenswerbung ist längst das moderne Corporate Branding geworden (Meffert/Burmann/Koers 2002, S.181 f.). Es kann eine Holding oder einen Konzern genauso wie Einzelunternehmen zu einem höheren Bekanntheitsgrad verhelfen. Die Unternehmen werden selbst zu einer Marke.

  Auch hierin steckt ein Stück des *Zeitgeistes:* die Menschen – Investoren, Kunden, Mitarbeiter, Lieferanten – interessieren sich für das Unternehmen als gesamte Einheit, nicht mehr nur für seine einzelnen Produkte. Im Fokus stehen Performance, Profitabilität, die Sicherheit der Arbeitsplätze, die Qualität der Forschung, Nachhaltigkeit und Umweltorientierung mit der Verantwortung für zukünftige Generationen, die Einhaltung von Corporate Governance, die Bewertung an der Börse und immer auch die Visionen des Managements.

  Der Wert einer Marke – ihr *Brand Value* – ist daher das Konzentrat aus Soft Facts und Hard Facts und – ob man mag oder nicht – auch von Zeitgeistströmungen. Der Zeitgeist des beginnenden 21.Jahrhunderts überträgt Unternehmen deutlich größere Verantwortung für unsere Gesellschaft denn je. Aus Unternehmen werden so genannte Corporate Citizens, d.h. diese zukunftsorientiert operierenden Unternehmen werden die Nachhaltigkeit ihrer Projekte in *Sustainable Brands* einbringen und ihre Verantwortung für die Gesellschaft über *Citizen Brands* kommunizieren. Einige Beispiele:
  - Der *Volvo*-Marken-Claim „*Volvo for Life*" steht für die Werte Sicherheit, Qualität und Umwelt. Die Marke *Volvo* nimmt in ihren Markenkern die Kompetenz für Nachhaltigkeit auf. *Sie* kann sich mit dieser Positionierung zu einer Sustainable Brand entwickeln.
  - Die Marke *Shell dagegen* musste sich nach dem medienpolitischen Fiasko ihrer Bohrinsel Brent Spar zu größerer Verantwortung für die Umwelt bekennen. *Shell* kann aus dieser Entwicklung heraus heute als eine Citizen Brand gesehen werden.
  - *McDonald's* hat sich aus der ungünstigen Diskussion um Verpackungsentsorgung befreit und fühlt sich heute sehr wohl in einer Vorbildrolle für Recycling-Prozesse. Der Konsumgüterhersteller *Henkel* hat schon in den 1990er Jahren die Konzernmarke über Sustainability positioniert. Produktmarken wie *Persil* sind Premium-Marken, gerade weil sie rational und emotional den intensiven Umweltdialog mit Konsumenten pflegen.
- *Investitionsgüterhersteller* nutzen weltweit die Zeitgeistkomponente in ihrer Markenführung. Kompetenz in Design und Funktion, Themen wie Recycling, Energiesparen oder die Marktführerschaft durch zukunftsweisende Technologien und Qualität blieben ohne Bindung an den Zeitgeist eine sehr kalte, unpersönliche Vorstellung. Eine nüchtern technische Argumentation verlangt heute nach der Emotionalisierung und einer Bindung an die Lebenswünsche der Menschen.

  Unternehmen wie *GROHE*, *Würth* oder *Linde*, Computerhersteller wie *IBM* oder *DELL*, Maschinenbauer wie *Claas* oder *Stihl* verstehen Markenführung ganzheitlich. Sie setzen auf Kontinuität – damit ist nicht stures Festhalten an Traditionen gemeint, sondern eine konstante, dem Fortschritt angemessene Entwicklung der Marke. *GROHE* ist deshalb heute kein Armaturenhersteller sondern ein Stück Wohnkultur.
- Es bleibt ein wichtiges Fazit festzuhalten: Investitionsgütermarken dürfen den Zeitgeist als Treiber nutzen, aber niemals zu Getriebenen werden.

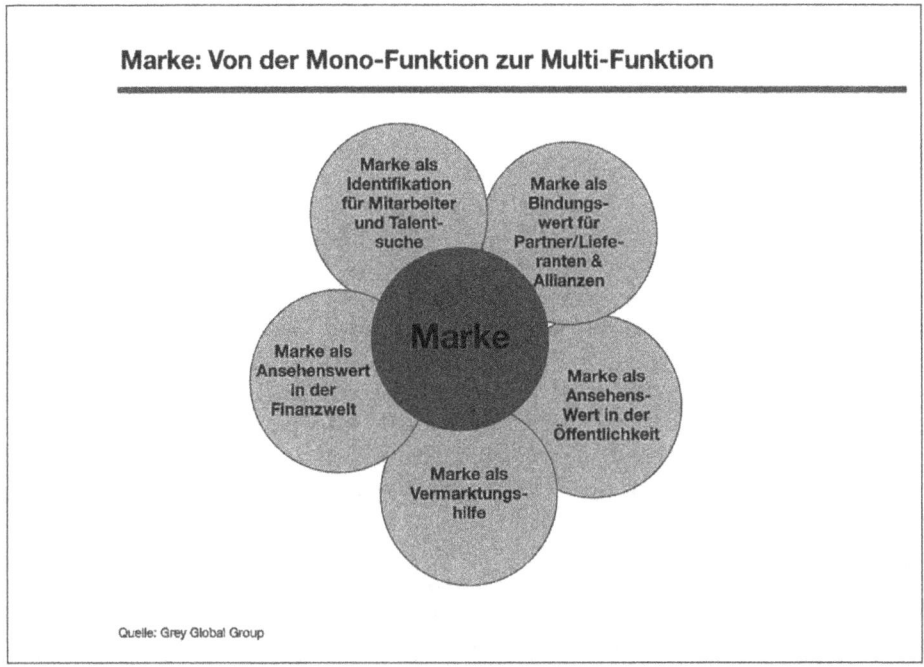

Abb. 2. Die Marke: von der Mono- zur Multi-Funktion

II. Die Marke erhält neue Aufgabenbereiche

Marken hatten ursprünglich nur eine Aufgabe, sie mussten als *Vermarktungshilfen* funktionieren. Mit dieser Mono-Funktion wird sich zukünftig kein Vorstandsvorsitzender mehr begnügen. Dafür sind die Investments in die Marken zu hoch. Es bringt erst Vorteile, wenn Unternehmen die *Multi-Funktion der Marke* entdecken (s. Abb.2).

- *Ansehenswerte* einer Marke wirken doppelt: Sie wecken Interesse und Begehren in der Öffentlichkeit, sie zeichnen Perspektiven und bauen Vertrauen in der Finanzwelt auf. Hier Konsumenten, dort Börse, Banker und Investoren – alle lassen sich durch den Wert und Visionen von Marken beflügeln.
- *Identifikation. Mitarbeiter* können stolz auf die Marke sein, für die sie arbeiten. Bei der Suche nach Talenten für Forschungs- und Führungsnachwuchs erleichtert die Identifikation das Recruiting potenzieller Mitarbeiter.
- *Bindungswert.* Marken spielen auch eine zentrale Rolle bei Fusionen, Akquisitionen, strategischen Allianzen oder vertikaler Integration auf Industrie- und Handelsstufen. Ihr Bindungswert ermöglicht Partnerschaften und ist Entscheidungskriterium für Lieferanten. Wer kann als erster die Innovationen eines Lieferanten nutzen? Das Optikerunternehmen *Fielmann* ist stolz auf *Zeiss*-Brillengläser und sagt dies in seiner Markenkommunikation auch deutlich.

Der Zeitgeist verändert permanent das System „Marke". Es öffnet sich. Nur eine *multifunktionale Marke* erreicht heute die Menschen in einer multioptionalen Gesellschaft, in der alles möglich, aber nichts mehr nötig ist.

III. Die Marke wird „Key Player" im Handel

Der Handel ist routiniert in der Vermarktung von Markenartikeln. Seit wenigen Jahren nutzt er verstärkt das Wissen und Können in eigener Sache. Seine professionell geführten Eigenmarken – ihre Palette reicht von Value for Money- bis Premium-Marken – nehmen den Top Brands der Industrie auf fast jedem Preisniveau Marktanteile ab. Fast parallel dazu wird das Handelsunternehmen per se zur Marke (Michael 2003, 9.2, S.21).

Store Loyalty statt Brand Loyalty – diesen Trend will der Handel noch verstärken. Corporate Brands wie *Aldi, Lidl, IKEA, Saturn, Media-Markt, H&M oder Zara* haben ihre Investitionen in die Marken-Kommunikation enorm gesteigert. Unter den Top Ten der Werbungstreibenden nehmen Händler des Tiefpreissegmentes inzwischen Spitzenplätze ein (AC Nielsen Global Services 2003).

Die Einkaufsstätten des Handels sind zu wahren Bühnen für Handelsmarken geworden. Eigenmarken wie *Rodeo* von *C&A, Tandil* und *Cucina* von *Aldi*, REWE mit *Füllhorn, Erlenhof* und *ja!*, sowie *Tengelmann* mit *A & P* haben ihren festen Platz im Relevant Set der Konsumenten. Es hat nicht einmal ein Jahrzehnt gedauert, um die Balance of Power der Marken im Einzelhandel gründlich zu verschieben – zu Gunsten des Handels.

Premium-Eigenmarken erobern seither Positionen selbst in Strategiefeldern wie dem der „Innovation" und in der „Inszenierung" der Marke. Das trifft Herstellermarken schmerzhaft in ihrer Kernkompetenz.

IV. Die Marke begegnet neuen Phänomenen im Zeitgeist

Über 50 Prozent der Top-Manager und Experten aus der Konsumgüterbranche gehen davon aus, dass im Jahr 2010 nur noch drei Multichannel-Handelsunternehmen den Lebensmitteleinzelhandel beherrschen werden (Accenture 2002). In Handel und Industrie wächst gleichzeitig die Überzeugung, dass strategische Konflikte nicht zu Lasten der Markeninvestitionen ausgetragen werden dürfen. Nach dem Megatrend „Geiz ist geil" werden Konsumenten neben dem Preis wieder die Leistung der Marke einfordern. In der neuen Konsumwelt muss der Handel seine Store Brands und Private Labels offensiv, kundengerecht und ansprechend präsentieren.

Ein weiteres Phänomen ist in den letzten Jahren zu beobachten: Konsumenten lösen sich verstärkt aus ihrer Markenbindung. Die Loyalität, Basis für eine starke Markenführung, nimmt weiter ab. Wenn aber der Kunde nicht mehr zur Marke kommt, muss die Marke auf direktem Weg zum Konsumenten kommen. Wie funktioniert dabei die neue Partnerschaft von Industrie und Handel? Die Entwicklung führt gradlinig zum *Shopper Marketing* (s. Abb. 3).

Dieses Konzept macht aus Markenartiklern und Händlern gleich starke Partner – mit dem Konsumenten im Fokus. Alle Aktivitäten sind auf eine langfristige Zusammenarbeit angelegt.

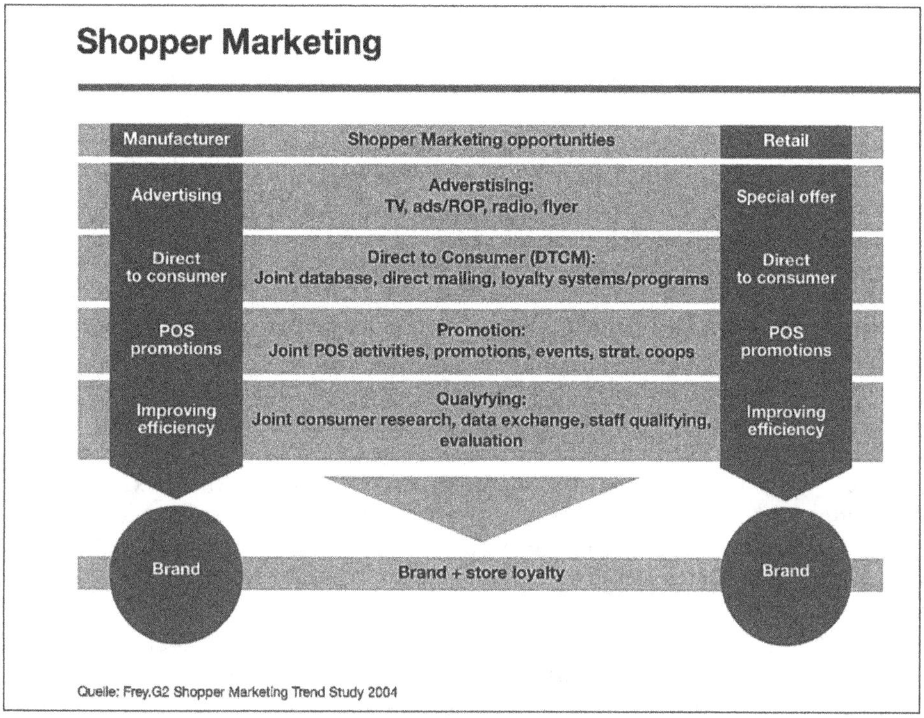

Shopper Marketing

Manufacturer	Shopper Marketing opportunities	Retail
Advertising	Adverstising: TV, ads/ROP, radio, flyer	Special offer
Direct to consumer	Direct to Consumer (DTCM): Joint database, direct mailing, loyalty systems/programs	Direct to consumer
POS promotions	Promotion: Joint POS activities, promotions, events, strat. coops	POS promotions
Improving efficiency	Qualyfying: Joint consumer research, data exchange, staff qualifying, evaluation	Improving efficiency
Brand	Brand + store loyalty	Brand

Quelle: Frey.G2 Shopper Marketing Trend Study 2004

Abb. 3. Die Systematik des Shopper Marketing

Die Marke soll über kooperativ-innovative Strategien die Konsumenten dauerhaft für sich gewinnen. Markenproduzent und Einzelhändler treffen im Rahmen einer solchen Kooperation eine neue Zielvereinbarung in der Zusammenarbeit. Sie wollen erreichen, dass die Marke zur *Shopper's Brand* wird und der Konsument über die Kraft dieser Marke eine gefestigte *Store Loyalty* entwickelt. Wichtig wird eine gekonnte Mischung sein, denn wer seine Marke um jeden Preis im Markt durchdrücken will, arbeitet gegen den Zeitgeist und damit dauerhaft gegen sich selbst.

B. Markenführung im Zeitgeist

Der Zeitgeist überflutet mit immer neuen Trends die Konsumgütermärkte. Trotzdem muss keine Marke orientierungslos ihr Glück suchen. Dem Mangement stehen genügend Instrumente zur Verfügung, um Marken auch in einem dynamischen Umfeld zu positionieren:

Bernd M. Michael

I. Consumer Insights: Ein Frühwarnsystem hautnah am Konsumenten installieren

Procter & Gamble fordert vom Management „Back to the Target Group". Tenor: Schließt Eure dicken Studien weg und stellt Euch wieder neben die Waschmaschine. Diese Forderung steht nicht im Widerspruch zum Einsatz moderner Forschungsmethoden.

Grey gewinnt valide Einblicke in das Konsumentenverhalten, die Consumer Insights, mit dem Prozess des „Grey Creative Consumer Connection®". Als Research-Verfahren nutzt das Grey-Arbeitsmodell dabei Gruppendiskussionen, Tiefenexploration, Einzelinterviews und In-Home-Visits.

Dieser Forschungsansatz führt letztlich zu einem Re-Engineering des gesamten Marken- und Kommunikations-Prozesses.

Die Markenführung gewinnt über derartige Tools wichtige Einsichten in die Denkmuster und Wertesysteme der Konsumenten. Das permanente Marken-Monitoring umfasst die kontinuierliche Überprüfung der Markenwirkung auf Zielgruppen, gemessen wird u.a. die Bekanntheit der Marke, die Image-Dimensionen und der Markenwert. Marken-Monitoring wird in Verbindung mit dem Vergleich der Kundenbedürfnisse zum erfolgsentscheidenden Frühwarnsystem. Wenn der Zeitgeist neue Trends zeigt und sich die Einstellungen der Konsumenten verändern, kann die Markenführung sofort - auch antitipativ - reagieren.

Das bedeutet, dass die Forschung so dicht wie möglich an die Motivationsstrukturen der Menschen heranzuführen ist. Hier liegt der Schlüssel für dauerhafte Markenerfolge, valide Ergebnisse vorausgesetzt. Die „Grey Under the Skin Tool Box"® schafft dafür die Voraussetzungen.

Der tiefe Blick in die Psyche der Menschen lässt das Bild vom Konsumenten immer wieder neu entstehen. Consumer Insights sind Inhalte, Konturen und Farben dieses Bildes. Sie liefern Orientierung für die *Evolution* der Marke. Wer den alten Lebenszyklus aushebeln will und die Marke lebensverlängernd führen möchte, muss dafür sorgen, dass technischer Forschritt und neue Zeitgeistströmungen die Marke nicht unvorbereitet treffen. Markenführung würde sonst reaktiv und erscheint dann gegebenenfalls beliebig.

Ein Beispiel für ein Instrument eines Frühwarnsystems ist der „Grey Brand Image Scan"® Das Image ist das subjektive Bild, das der Verbraucher von einer Marke hat. Dieses Image ist selten so gefestigt, dass der Zeitgeist es nicht verändern könnte. Das Gegenteil ist der Fall: Images wandeln sich mit dem Zeitgeist, weil sich Eindrücke und Wahrnehmungen immer relativ zum Umfeld herausbilden. Daher muss Markenführung zu jeder Zeit sicherstellen, dass die Marke für Konsumenten ein attraktives Identifikations-Potenzial bietet.

Der „Grey Brand Image Scan"® (s. Abb.4) analysiert die Markenwahrnehmung aktueller und potenzieller Kunden. Konsumenten antworten im Rahmen dieser Untersuchung auf Fragen wie: Ist die Marke relevant? Ist sie glaubwürdig? Passt sie zu mir? Die Konsumenten äußern sich, in dem sie valide Analogien bilden. Sie vergleichen die untersuchte Marke mit Bereichen des täglichen Lebens, wie Sportarten, Medienstars, Urlaub, Tiere oder bestimmte Autotypen.

Ein Kernstück ist die Imageanalyse im Vergleich mit Marken der Wettbewerber. Der Status von Eigen- und Fremdimage wird wechselseitig bei Probanden aus Kunden- und

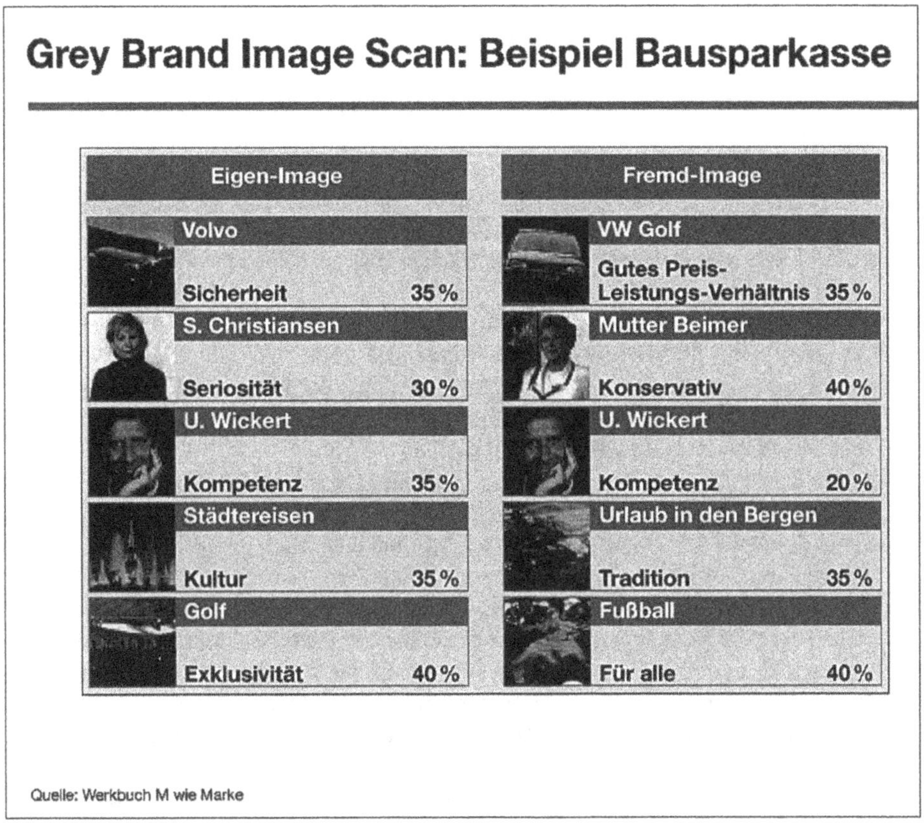

Grey Brand Image Scan: Beispiel Bausparkasse

Eigen-Image		Fremd-Image	
Volvo		VW Golf	
Sicherheit	35%	Gutes Preis-Leistungs-Verhältnis	35%
S. Christiansen		Mutter Beimer	
Seriosität	30%	Konservativ	40%
U. Wickert		U. Wickert	
Kompetenz	35%	Kompetenz	20%
Städtereisen		Urlaub in den Bergen	
Kultur	35%	Tradition	35%
Golf		Fußball	
Exklusivität	40%	Für alle	40%

Quelle: Werkbuch M wie Marke

Abb. 4. Der Grey Brand Image Scan®

Nichtkunden-Gruppen abgefragt. Ermittelt wird, in welchem Maß die einzelnen Dimensionen prozentual von den Verbrauchern zugeordnet werden. Abschließend wird die Abweichung der tatsächlichen Imagewerte vom Idealprofil gemessen. Diese Abweichung ist ein Gradmesser dafür, welche langfristigen Perspektiven die Marke noch in sich trägt.

II. Permanente Anpassung der Kommunikation an den Zeitgeist

Marken leben von den Signalen, die sie in ihren Märkten verbreiten. Sie bleiben vital, wenn sie diese Brand Value Signals® verbal und visuell an neue Strömungen in der Gesellschaft anpassen.

- *Die verbale Anpassung*: Im Sommer 2004 haben Marktforscher von *Trendbüro* und *Slogans.de* drei Trends in aktuellen Claims, Werbeaussagen, entdeckt: Das *Ich* rückt in den Mittelpunkt der Aussage. Im Umfeld einer um sich greifenden Verunsicherung der

Menschen wird die Vergangenheit quasi idealisiert. So kommt das formelle *Siezen* wieder stark in Mode. Man spricht wieder *Deutsch*. Die Forscher erklären diesen Wandel mit einer gewünschten Exotik der Nähe. Die deutsche Sprache ist wieder erste Wahl, weil Internationalisierung und standardisierte Kommunikation der Global Brands ihren Reiz verlieren. Als Praxisbeispiele seien hier kurz genannt:
Esso wirbt heute: „Packen wir's an", gestern: „We are drivers too",
Lufthansa heute: „Alles für diesen Moment", gestern: „There's no better way to fly",
McDonald's heute: „Ich liebe es" statt „Every time a good time".
Aber auch die Medienmarke *Sat.1*, die Konzernmarke *RWE* und die Lifestylemarke *Douglas* sind diesem Trend gefolgt.

- *Die visuelle Anpassung*: Noch augenfälliger wandelt sich das Bild der Menschen, wenn sie als Botschafter für zeitgeistgeprägte Marken sprechen oder agieren. Gestylte, idealisierte Typen passen nicht mehr zum Zeitgeist. Heute sind Menschen auf Plakaten, in TVSpots und Anzeigenmotiven authentisch. Es sind Menschen wie du und ich, die im gleichen Leben und damit in der Realität stehen.

Der neue Konsument ist überzeugt: Nicht „Ich" muss zur Marke passen, die Marke muss zu mir passen! Klischees und gängige Schönheitsideale werden gekippt. Die Kosmetikmarke *Dove* wirbt sehr authentisch: „Wer hat eigentlich gesagt, dass nur Models straffe Kurven haben?"

Der schwedische Textilhändler *H&M* macht den Milieuschwenk und zeigt statt idealisierter Baby-Doll-Models jetzt die Next Generation in Factories, Menschen wie du und ich in Fabrikhinterhöfen. Authentische Jugend auf der Suche nach einer vergangenen Kultur, gelebte Freizeit in revitalisierten Industriebrachen. Authentizität tankt die Marke auch durch die Kooperation mit Karl Lagerfeld. *H & M* will nicht länger Kopierer der Haute Couture sein, sondern das Original in der Designer-Kollektion bieten.

Das Paradebeispiel bleibt der Mythos *Harley Davidson*. Die Marke lebt mit authentischen Werbefiguren, die über Generationen hinweg das „Ich" im Menschen ansprechen. Auch die Medical Care Brand *Hartmann* setzt auf Authentizität. Ihr Slogan „Haut in guten Händen" verbindet sich mit einem realitätsnahen Motiv der Mutter-Kind-Arzt-Beziehung.

Adidas entging durch ein gelungenes Image-Shift (s. Abb.5) dem Absturz in die Insolvenz. Die Wiedergeburt der Marke verlief über drei Phasen in Anpassung an den Zeitgeist.

Der Marken-Shift begann mit der Rückgewinnung von Trendkompetenz. *Adidas* rückte ins Zentrum des Streetball-Phänomens. Dann folgten der Retrotrend, die Orientierung an Mega-Stars wie Madonna oder Präsident Clinton und Ausbau des Fashion-Sektors der Marke. Schließlich brachte *Adidas* wieder Innovationen, die neue Funktionalität der Sportschuhe lag voll im High-Tech-Trend. Mit limitierten Auflagen konnte die Marke das Preispremium auf Luxus-Segment-Niveau treiben.

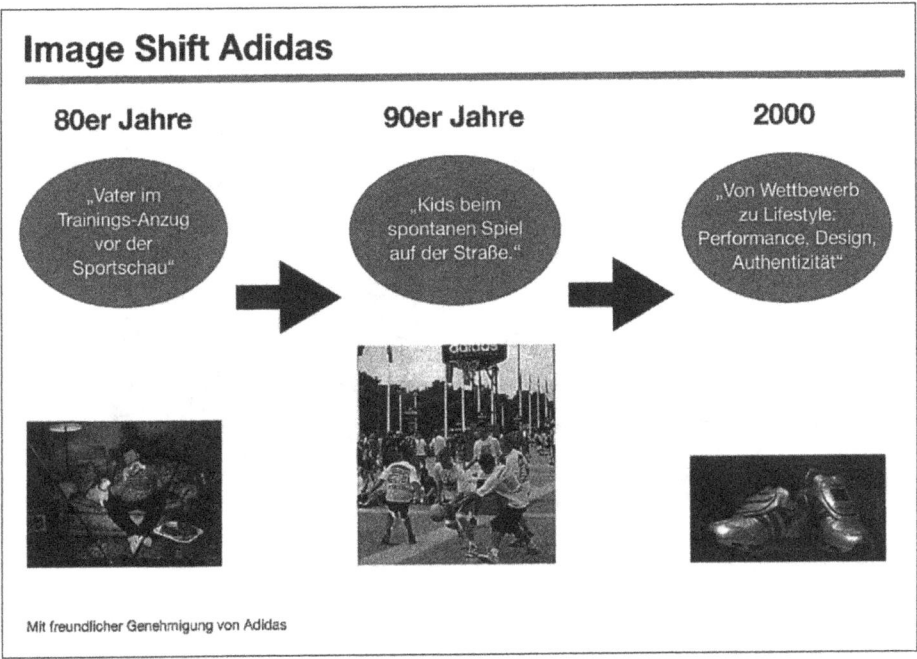

Abb. 5. Vom Spießer-Image zur Lifestyle-Marke

III. Langjährige Markenführung am Zeitgeist

Kontinuität ist ein Garant für die Markenwertentwicklung, Diskontinuität der Feind der Evolution. Traditionsreiche Marken beweisen das:
- *Marlboro* und *Beck's* sind gute Beispiele für Kontinuität: Die Marken halten über Jahrzehnte an einer einzigartigen kreativen Linie fest. Die Schlüsselsignale sind trotz Anpassung der Werbung an den Zeitgeist immer gleich geblieben, zum einen die Verwendung des grünen Clippers und zum anderen die Inszenierung des Produktes getragen von einer Ferien- und Freizeitstimmung.
Die Kommunikation nimmt dennoch immer etwas vom Zeitgeist auf. Seit einiger Zeit tauchen Frauen als Leitfiguren in der *Marlboro*-Werbung auf, um die Werbung in Richtung weibliche Zielgruppen zu öffnen.
Kreativität sorgt dafür, dass die Spannung rund um die Marke hält – und damit jede neue Kampagne der eigenen Evolution dient. Konsumenten profitieren davon, weil die Marken lebendig bleiben, Identifikation und Orientierung bieten und Vertrauen aufbauen (s. Abb.6).
- *CAMEL*, das Beispiel für Diskontinuität: Nach der erfolgreichen Kampagne „Ich geh meilenweit für CAMEL FILTER" suchte das Markenmanagement nach dem Prinzip Trial and Error seit 1990 eine neue Strategielinie. Alle Jahre wechselte die Marke ihr Erscheinungsbild, überraschte ihr Publikum mit immer neuen Markenwelten (s. Abb.7). Die Bindung an die Marke ging verloren.

Abb. 6. Brand Leadership für Beck's durch Kontinuität der „Brand Value Signals"®.

Abb. 7. CAMEL – wie Vertrauen in die Marke zerstört wird

IV. Repositionierung im Rahmen von Wertschöpfungsstrategien

Langfristig besteht immer die Gefahr, dass sich eine Marke im Kern nicht mehr mit dem Zeitgeist verbinden lässt. Das gilt für all jene Marken, die ohne Gegensteuern mit ihren älter gewordenen Kunden einfach „aussterben". Professionelle Markenführung wird sich rechtzeitig für eine spürbare Repositionierung entscheiden.

Im Grunde bleibt die Marke ihrer Wertschöpfungsstrategie treu. Nur die Koordinaten über den Zeitgeist und gesellschaftlichen Wandel ändern sich und bestimmen so die Richtung der Repositionierung.

Eine Repositionierung im Zeitgeist hat die Marke *Swarovski* erfolgreich abgeschlossen. Mit *Swarovski* haben Konsumenten noch vor wenigen Jahren hauptsächlich Kristallglasprodukte verbunden. Heute verkauft die Marke kein Glas sondern Schmuck-, Mode- und Kunstdesign.

Birkenstock schaffte den Quantensprung von der Gesundheitssandale zum Lifestyle-Produkt. Ohne die Repositionierung wäre die Marke mit ihrer alternden Zielgruppe vom Markt gegangen. Im Segment der naturverbundenen, gesundheitsorientierten Konsumenten hatte *Birkenstock* keine Perspektiven mehr. Heute assoziieren immer mehr Konsumenten mit *Birkenstock* junge, am Zeitgeist orientierte Produkte in sommerlichen Farben. *Birkenstock* wurde „*frisch & fruchtig*".

V. Permanente Updates von Packungen gestalten die Marke aktuell.

Die Verpackung ist als Brand Signal im Kern unveränderbar. Hier ist das Wesen der Marke in eine feste Form gegossen. Packungen sind Persönlichkeiten. Über ihr Packungsdesign spricht die Marke zum Konsumenten: „Ich lebe mit Dir, ich bin ein Stück Deiner Welt." Nur – diese Welt bleibt nicht so wie sie ist, die Motivationsstrukturen der Verbraucher verändern sich mit. Deshalb müssen Verpackungen kontinuierlich dem Zeitgeist angepasst werden.

Die Updates dürfen die Evolution der Marke nicht stören. Richtig eingesetzt stehen sie im Einklang mit den einzigartigen Werten der Marke. Seit über 100 Jahren ist das charaktervolle Design der *Odol*-Flasche als Brand Value Signal® im Verbraucherbewusstsein tief verankert.

Das gleiche gilt für *Persil, Nivea* oder *Maggi*. Die Identitätsstärke dieser Marken wächst über eine Orientierung am Zeitgeist. Es gilt der Grundsatz: Designentwicklung ist gut, wenn sie kein Kunde bemerkt. Damit erfüllen Unternehmen nachhaltig die Wünsche der Konsumenten nach mehr Authentizität und Orientierung (s. Abb.8).

Hinter jeder Aktualisierung lauert die Gefahr, in die Zeitgeistfalle zu geraten. Eine unkritische Übernahme modischer Design-Trends und formale Tändeleien bezahlt die Marke mit dem Verlust ihrer Einzigartigkeit und Differenzierungskraft. Die Packung leistet dann keinen Beitrag zur Evolution.

Abb. 8. Persil bleibt Persil und dennoch aktuell (Persil 1997)

VI. Die Marke wird zum Erlebnis, erschließt sich neue Wege zum Konsumenten

Wer nur Geschichten von gestern erzählt, dem hört bald keiner mehr zu. Daher müssen Marken erlebbar bleiben. Advertainment, ein Konstrukt der Kommunikation aus Advertising und Entertainment, fasziniert Konsumenten. Diese Form der Markenkommunikation nutzt Erlebnisse aus der Welt der Konsumenten. Die Marke bleibt aktuell und ihre Geschichten spannend.

Perfekt inszenierte Überraschungen erleben Konsumenten in Marken-Parks wie Disney Land oder in der *VW-Autostadt*. Events wie die *Red Bull-Flugtage* bieten eine Plattform, wo die Zielgruppen ihre Marken in unterhaltsamer Form erleben (s. Abb.9).

Advertainment erzeugt wahre Magic Moments: *Adidas* inszeniert ein Life Soccer Spiel auf vertikaler Plakat-Wand. Mit *Langnese* fahren Kunden in den Summer Club. Ein Millionen-TV-Publikum begegnet dem Maître Chocolatier von *Lindt*. Erlebnisse werden zu Brand Value Signals® für Konsumenten – genauso wie Marken-Logos, Klingeltöne und Grußkarten.

> **Wenn der Mensch nicht mehr zur Marke kommt, muss die Marke zum Menschen kommen**
>
>
>
>
>
> Mit freundlicher Genehmigung von Red Bull

Abb. 9. Marken-Event *beim Red Bull* Flugtag

VII. Marken arbeiten mit interaktiven, digitalen Kommunikations-Tools

In der Mediennutzung steht das Internet inzwischen an dritter Stelle im Zeitbudget der Konsumenten (ARD/ZDF-Online-Studie 2003). „Der Verbraucher vernetzt sich, folgt neuen kommunikativen Mustern, um sie sofort wieder zu verlassen. Je höher der Grad der Technologisierung, desto dynamischer verändern sich Verhaltensmuster" (Giesler 2004).

Im Zeitalter der Technologien erwarten Kunden, dass Marken ihren Leadership-Anspruch bereits demonstrieren, bevor sie Leader im Segment sind. *DELL,* Weltmarktführer im PC-Segment, zählt zu den Pionieren unter den Online-Marken der ersten Generation. Der *Mini* von *BMW* wurde durch seinen Internet-Auftritt berühmt, lange bevor der Wagen weltweit seine Fan-Gemeinschaft fand. Die Marke investierte einen hohen Budget-Anteil (absatzwirtschaft 2003, S.90) in die Bereiche des Online- und Mobile-Marketing.

Die Internet-Kommunikation der zweiten Generation, ihr Merkmal sind interaktive Dialog-Plattformen für die Kommunikation zwischen Zielgruppen und Marken, beschleunigt den Abschied vom Massenmarketing. Dafür sprechen zwei Gründe:

- Das Internet passt als Symbol eines neuen Zeitgeistes zum Mental Set der verjüngten Markenführung.

- Dabei erfüllt die Internet-Kommunikation die strengeren Effizienz-Vorgaben der Controller. Mit dem Internet wird die Planung und Prognose des Return on Investment für die Media-Planer gegenüber klassischen Medien deutlich erleichtert.

VIII. Die Marke wird durch permanente Innovation jung gehalten

Geiz ist *nicht* geil, Geiz entsteht aus Mangel an echten Innovationen. Die Stiftung Warentest liefert fast mit jedem Testbericht den Nachweis, dass Millionen Konsumenten fast keine falschen Kaufentscheidungen mehr treffen können. Die Urteile der Stiftung lauten häufig: baugleich, qualitätsgleich, funktionsgleich. Produkt-Tests bestätigen wiederum Beliebigkeit und Langeweile statt Einzigartigkeit durch Innovation.

Marken sind aber sich selbst verpflichtet, sie müssen ihr Versprechen einlösen, dass sie sich auf der Höhe des technischen Fortschritts bewegen. Wenn nicht, kann auch die beste Marken-Kommunikation den Markenwert auf Dauer nicht verteidigen.

„Durch kontinuierliche Innovationen bleibt die Marke aktuell und demonstriert die Absicht, ständig dem wechselnden Geschmack und sich ändernden Erwartungen des Verbrauchers gerecht zu werden." (Kapferer 1992, S. 119 f.).

Investitionen in Forschung und Entwicklung (F&E) müssen daher wieder zum entscheidenden Erfolgsfaktor der Marken-Hersteller werden. Dies kann auch dazu führen, dass Mittel aus dem Kommunikationsbudget in das F&E-Budget umgeschich-

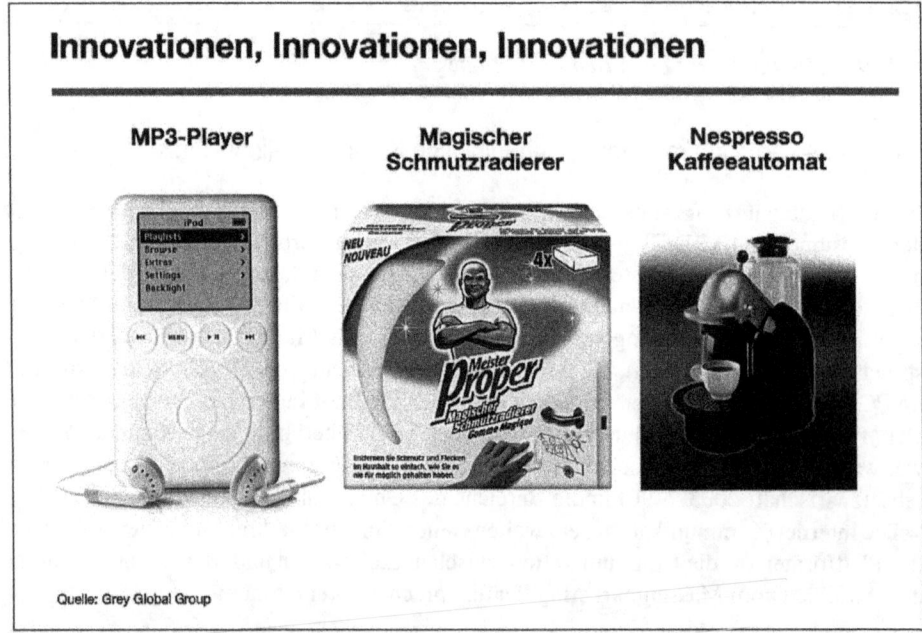

Abb. 10. Meister Proper als Innovator

tet werden. Wie eng Markenerfolg an Innovation gekoppelt ist, zeigt der *iPod* von *Apple,* der die gesamte mobile Unterhaltungselektronik revolutioniert hat. Im Vergleich zum entsprechenden Vorjahreszeitraum konnte Apple den Absatz seines iPods im 1.Quartal des Geschäftsjahres 2005 um 525 Prozent auf 4,58 Millionen Stück steigern (Apple 2005).

Weitere Beispiele für Innovationen liefern der Haushaltsreiniger *Meister Proper,* der jetzt als *Magischer Schmutzradierer* innovativ und jung bleibt, sowie der Nespresso-Automat, der ein neues System der Kaffeezubereitung bietet (s. Abb.10).

Innovationen sichern die Evolution der Marke ab. Die Markenführung wird streng darauf achten, dass die kontinuierlich gesetzten Innovationsschritte mit der gesamten Markenumwelt im Einklang sind. Das Brand Management arbeitet permanent an Optimierung und Feinabstimmung des Kommunikations-Mix auf Teilziele der Markenentwicklung in typischen Lebensphasen (s. Abb.11).

Im Markenleben wiederholen sich wie in einem Perpetuum Mobile die Kundengewinnung, Festigung der Kundenbasis, Kundenbindung und Kundenrückgewinnung. In jeder Phase nimmt der Zeitgeist deutlich Einfluss auf die Gewichtung und kreative Gestaltung jedes einzelnen Tools. Wenn die Marketing-Instrumente präzise auf die Lebensphase abgestimmt werden, bleibt die Marke „forever young".

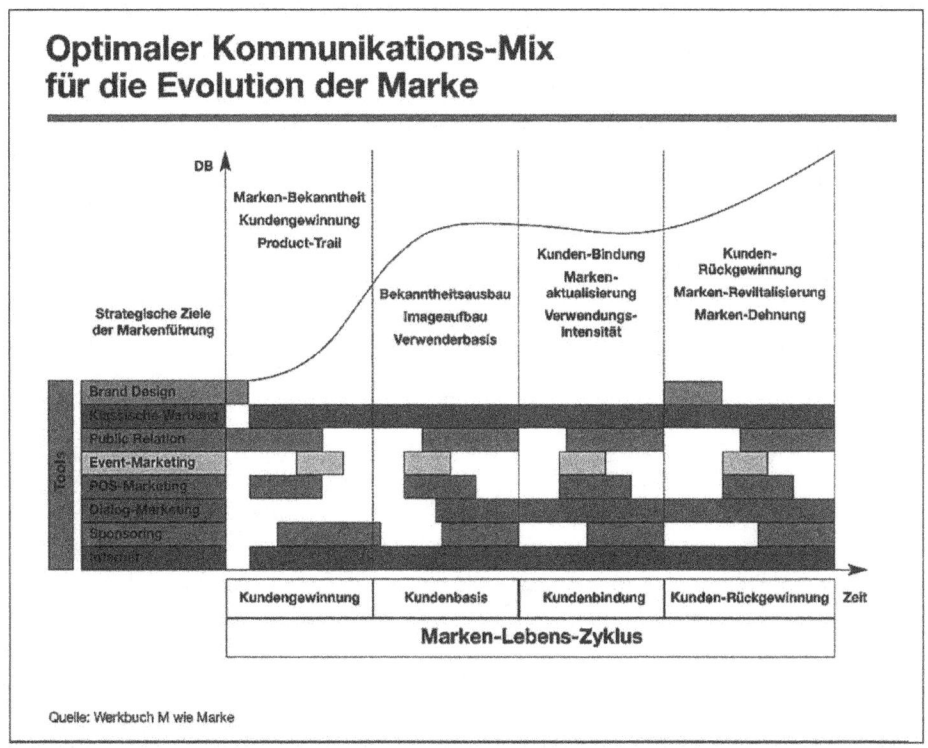

Abb. 11. Optimaler Kommunikations-Mix für die Evolution der Marke

C. Zusammenfassung

Markenwert hat als Treiber der gesamten Wertschöpfung eines Unternehmens eine hohe strategische Bedeutung erlangt. Dabei kommt es auf Nachhaltigkeit im Markenmanagement an. Um dieses Ziel zu erreichen, hat die Markenführung einen Paradigmenwechsel durchgemacht. Die Orientierung an Lebenszyklen und Lebenskurven der Marke ist Geschichte, heute ist die Evolution einer Marke die Idealvorstellung moderner Markenführung.

Dieser Strategieansatz führt in ein Dilemma. Verantwortlich dafür sind zwei in sich gegensätzliche Erfolgsfaktoren: Kontinuität versus Dynamik durch Zeitgeist. Markenführung im Sinne von Evolution muss beide Kräfte vereint zur Wirkung bringen. Das Management wird immer wieder neu vom zeitgeist-bestimmten Wandel in der Gesellschaft herausgefordert, auch verführt, den Pfad der tugendhaften Kontinuität zu verlassen. Marken erzeugen ihre Wertigkeit primär in den Köpfen der Konsumenten, also dort, wo „das Denken und Empfinden, die Ideale und Werte einer geschichtlichen Epoche" im Sinne von Zeitgeist konzentriert sind und sich permanent wandeln.

Markenevolution als Management-Prozess ist ganz klar beherrschbar. Die Unternehmen verfügen über in der Vergangenheit erprobte Marketing-Instrumente. Die Kunst der Führung besteht darin, diese Instrumente präzise auf einzelne Lebensphasen der Marke abzustimmen. Gleichzeitig sorgt ein optimierter Kommunikations-Mix dafür, dass Kontinuität und Zeitgeist-Dynamik synchronisiert in Brand Power und damit „just in time" in eine hohe Kraft der Marke umgewandelt werden

Die Existenzfrage für Herstellermarken ist ihre erkennbare Andersartigkeit. Wenn der Unterschied rational und emotional nicht permanent signalisiert und spürbar gehalten werden kann, verliert die Marke ihr Wert-Potenzial und degeneriert zum „Commodity". Dann erliegt sie der tödlichen Frage „Was wäre, wenn es Ihre Marke nicht mehr gäbe?". Je höher ihr Abstand zum Wettbewerb erlebt wird, umso ungefährdeter wird ihr Markenleben erfolgreich verlaufen. Und das tun, was die Idee und der Sinn einer jeden Marke ist: Wertschöpfung schaffen, welche die Investitionen optimal verzinst. Nach dem Motto: Das Ansehenskapital ist wichtiger als das Stammkapital.

Literatur

Absatzwirtschaft (2003): Sonderheft „Marken", Handelsblatt-Verlag, Düsseldorf.
Accenture (2002): Trendstudie 2002 - Expertenbefragung in den Konsumgüterbranchen von Deutschland, Österreich und der Schweiz, Accenture, Kronberg/Taunus.
AC Nielsen Global Services (2003): Nielsen Media Research, Frankfurt.
Apple (2005): Financial Statement, Apple Presse, 12.01.2005.
ARD/ZDF: Online Studie in Media- Perspektiven 8/ 2003, S. 375.
Frey (2004): G2 Shopper Marketing Trend Study 2004, Düsseldorf, noch nicht publiziert.
Giesler, M. (2004): Vortrag Seminar Konsumforschung, York University, Toronto.
Grey (1995): Verbraucherstudie „Smart Shopper", Grey Strategic Planning, Düsseldorf.
Henkel (1997): 90 Jahre Persil, Schriften des Henkel Werkarchivs, Nr. 27, Düsseldorf.
Kapferer, J.N. (1992): Die Marke - Kapital des Unternehmens, Verlag Moderne Industrie, Landsberg/ Lech.
Kotler, P./Bliemel, F. (2001): Marketing-Management, 10.Auflage, Schäffer-Poeschel Verlag, Stuttgart 2001, S. 319 f.
Meffert, H./Burmann, C./Koers, M. (2002): Markenmanagement, 1. Auflage, Gabler Verlag, Wiesbaden 2002, S. 181 f.
Michael, B. (2003): Werkbuch M wie Marke, Schaeffer-Poeschel, Stuttgart 2003.
Phillex (2005): Internet-Lexikon der Philosophie, www.phillex.de.
Stauss, B. (1998): Markierungspolitik bei Dienstleistungen, in: Bruhn, Manfred/ Meffert, Heribert (Hrsg.): Handbuch Dienstleistungsmanagement, 1. Auflage, Gabler Verlag, Wiesbaden 1998, S. 559 f.

Bernd M. Michael

Zusammenfassung

Markenwert als ein Haupttreiber des Unternehmenswerts hat eine hohe strategische Bedeutung erlangt. Die Basis für die Generierung des Mehrwerts ist Beständigkeit. Um dieses Ziel zu erreichen, musste das Markenmanagement einem Paradigmenwechsel unterworfen werden. Die Orientierung an den Lebenszyklen von Marken ist Geschichte. Die Evolution der Marken folgt heute der Idealvorstellung der modernen Markenführung. Diese Strategie führt jedoch zu einem Dilemma: Verantwortlich dafür sind zwei gegensätzliche Erfolgsfaktoren, Kontinuität und „Zeitgeist"-Dynamik. Die Markenführung muss beide Faktoren kombinieren und deren Energie sinnvoll nutzen. Das Markenmanagement wird durch die „Zeitgeist"-induzierten Veränderungen in der Gesellschaft fortwährend herausgefordert, den tugendhaften Pfad der Kontinuität zu verlassen. Der Wert der Marke wird vor allem in den Köpfen der Konsumenten geschaffen, wo Gedanken und Gefühle einer vergangenen Epoche im Sinne des „Zeitgeistes" gespeichert und kontinuierlich verändert werden. Die Evolution von Marken als ein Managementprozess ist steuerbar. Die Unternehmen besitzen bewährte Instrumente dafür. Die Kunst der Führung ist insbesondere, diese Werkzeuge an die verschiedenen Phasen des Markenlebens anzupassen. Die Optimierung des Kommunikationsmix sichert die Synchronisierung sowohl der Kontinuität als auch der „Zeitgeist"-Dynamik und unterstützt so deren Umsetzung in die „Power" einer Marke.

Summary

Brand equity as key driver of creating value to a company has become high strategic relevance. The basis for generating added value is sustainability. In order to achieve this objective, brand management was subject to a paradigm shift. Orientation based on life cycles of brands is history. Today the evolution of brands complies with the ideal concept of modern brand leadership. This strategy, however, leads to a dilemma. Responsible for this are two contradictory factors of success, continuity and "Zeitgeist"-dynamics. Brand management in the sense of evolution must combine both energies effectively. Brand management is constantly challenged by "Zeitgeist"-driven changes within the society to leave the path of virtous continuity. The value of brands is primarily generated in the heads of consumers, where thoughts and feelings as ideals and values of a historic era in terms of "Zeitgeist" are concentrated and change permanently. Evolution of brands as a management process is controllable. Companies are possessing proven marketing tools. The art of leadership is based on precisely adjusting those tools to the different phases of brand life. Optimizing the communication mix will ensure that continuity and "Zeitgeist"-dynamics will be synchronized and transferred into brand power.

JEL: M37

Markenbewertung: State-of-the-Art

Von Henrik Sattler*

Überblick

- Nur wenige Bereiche in der Betriebswirtschaftslehre haben eine so hohe Beachtung gefunden wie das Thema Markenwert. Seit dem Überblicksartikel von Sattler (1995) in dieser Zeitschrift ist von Seiten der Wissenschaft und der Praxis eine dreistellige Zahl an Instrumenten zur Markenwertmessung entwickelt worden.

- Aktuelle Entwicklungen, wie z.B. die Neuregelung zur Bilanzierung von Marken oder die Zunahme fast ausschließlich markenmotivierter Unternehmensakquisitionen, wie z.B. die Übernahme von Gillette durch Procter & Gamble für 57 Mrd. € im Jahr 2005 oder Reemtsma durch Imperial Tabacco für 5,8 Mrd. € im Jahr 2002, untermauern die Relevanz der Thematik.

- Im vorliegenden Beitrag wird ein Überblick zum State of the Art der Markenbewertung gegeben und zukünftige Forschungsfelder werden herausgearbeitet. Zudem werden Grundelemente der Messung von Markenwerten vorgestellt, u.a. im Hinblick auf die Festlegung von Markenbewertungszwecken, die Formulierung von Anforderungen an die Markenbewertung und die Ermittlung zentraler Markenwertkomponenten.

Eingegangen: 1. März 2005

Prof. Dr. Henrik Sattler, Geschäftsführender Direktor des Instituts für Handel und Marketing, Universität Hamburg, Von-Melle-Park 5, 20146 Hamburg, Email: uni-hamburg@henriksattler.de.

© Gabler-Verlag 2005

A. Einleitung

Marken stellen für die meisten Unternehmen einen herausragenden Vermögensgegenstand dar. Laut einer Umfrage von PriceWaterhouseCoopers und Sattler (2001) unter den 100 größten deutschen Unternehmen sowie den Mitgliedern des Deutschen Markenverbands entfällt im Durchschnitt auf Marken mehr als 50 % des Gesamtunternehmenswerts. Nach Ansicht der meisten befragten Unternehmen wird dieser Wert zukünftig noch weiter steigen. Die höchsten Wachstumsraten werden im Dienstleistungssektor erwartet. Eine 2003 durchgeführte Befragung von 344 Markenverantwortlichen in Deutschland kommt zu dem Ergebnis, dass der Stellenwert der Analyse und Bewertung von Marken in den nächsten fünf Jahren noch weiter zunehmen wird (Schimansky, 2004).

Marken besitzen in z.T. erheblichem Ausmaß die Fähigkeit, Wertschöpfungspotenziale in Unternehmen zu realisieren. Insbesondere in den letzten 15 Jahren hat sich sowohl die Unternehmenspraxis als auch die Forschung intensiv damit beschäftigt, dieses Wertschöpfungspotenzial in Form der Messung eines Markenwerts zu quantifizieren und im Rahmen einer wertorientierten Unternehmensführung zur Planung, Steuerung und Kontrolle von Marken einzusetzen.

Der vorliegende Beitrag gibt einen Überblick zum State of the Art der Markenbewertung und skizziert zukünftige Forschungsfelder. Dazu werden zunächst in Kapitel B. Grundelemente der Messung von Markenwerten vorgestellt. Hierzu zählen die

- Definition des Markenwerts,
- die Festlegung der relevanten Markenbewertungszwecke,
- die Formulierung von Anforderungen an die Markenbewertung und
- die Identifikation und Lösung zentraler Markenbewertungsprobleme.

In Kapitel C. werden Beiträge der bisherigen Forschung zur Identifikation und Lösung zentraler Markenbewertungsprobleme dargestellt und bewertet. Kapitel D. dient einer zusammenfassenden Beurteilung. Des Weiteren wird ein Ausblick auf zukünftige Forschungsbereiche gegeben.

B. Grundelemente einer Markenbewertung

I. Markenwertdefinition

Unter dem Markenwert (Brand Equity) eines Produkts versteht man denjenigen Wert, der mit dem Namen oder Symbol der Marke verbunden ist. Der Wert wird häufig als inkrementaler Wert aufgefasst, der gegenüber einem (technisch-physikalisch) gleichen, jedoch namenlosen Produkt besteht (Aaker, 1991). Problematisch ist diese Definition insofern, als dass in vielen Märkten keine namenlosen Produkte vertrieben werden oder nicht unerhebliche (technisch-physikalische) Unterschiede zwischen markierten und nicht markierten Produkten bestehen. Ersatzweise zu einem nicht markierten Produkt wählt man häufig ein Produkt, das mit minimalen Markeninvestitionen vertrieben wird. Traditionell handelt es sich hierbei um Handelsmarken (z.B. Ailawadi/Lehmann/Neslin, 2003). Mit zunehmendem Markenbewusstsein des Einzelhandels ist eine solche Operationalisierung allerdings kritisch zu sehen. Auch Handelsmarken können einen erheblichen Wert haben (Sattler, 1998a). Sofern keine nicht markierten Vergleichsprodukte existieren, besitzt der Markenwert einen stark fiktiven Charakter.

Aus dem Wortlaut des Begriffs Markenwert scheint hervorzugehen, dass es sich hierbei um eine monetäre Größe handelt. In der Literatur ist es allerdings üblich, unter diesem Begriff sowohl monetäre als auch nicht-monetäre Maße zu subsumieren. Nicht-monetäre Maße finden sich insbesondere in der verhaltensorientierten Forschung (z.B. Esch, 2004). Im Zentrum steht die Messung von „Brand Value Drivers" bzw. Markenwertindikatoren, wie z.B. Markenbekanntheit, Markenimage oder Markenloyalität. Aus einer monetären, finanzorientierten Perspektive wird der Markenwert dagegen häufig als Kapitalwert abgezinster zukünftiger markenspezifischer Einzahlungsüberschüsse definiert.

Weiterhin kann ein Markenwert weit oder eng abgegrenzt werden. So kann ein monetärer Markenwert für lediglich eine Periode (z.B. ein Jahr) oder über mehrere Perioden (z.B. analog zu einer ewigen Rente) ermittelt werden. Weiterhin kann ein Markenwert mit oder ohne Einbezug zukünftiger, bisher nicht realisierter Wertschöpfungsmöglichkeiten (so genannter markenstrategischer Optionen), wie z.B. Markentransfers (Völckner, 2003), gemessen werden.

Je nach vorgenommener Definition kann es zu erheblichen Unterschieden in der Markenwertmessung kommen.

II. Markenbewertungszwecke

Die Motivation für eine Markenbewertung kann sehr vielfältig sein. Tabelle 1 gibt einen Überblick zu wichtigen Verwendungszwecken von Markenbewertungen. In der Tabelle sind auch die Ergebnisse der eingangs bereits erwähnten Umfrage von PriceWaterhouseCoopers und Sattler (2001) unter den 100 größten deutschen Unternehmen sowie den Mitgliedern des Deutschen Markenverbands hinsichtlich der Bedeutung dieser Verwendungszwecke wiedergegeben. Die Befunde basieren auf 126 Antworten von insgesamt 403 angeschriebenen Unternehmen. Befragt wurden pro Unternehmen ein oder mehrere für Marken verantwortliche Spitzenführungskräfte.

Grundsätzlich entsprechen die aufgeführten Zwecke einer Markenbewertung den bei Sattler (1995) beschriebenen Zwecken. Den höchsten Stellenwert haben Markentransaktionen, gefolgt von Markenschutz- und Markenführungsaspekten. Überraschend ist der relativ niedrige Stellenwert der Markendokumentation und der Markenfinanzierung. Letzteres mag damit zusammenhängen, dass vielen Unternehmen die diesbezüglichen Möglichkeiten noch nicht hinreichend bewusst sind und Banken besonders skeptisch gegenüber Markenbewertungsverfahren eingestellt sind.

Hinsichtlich der Markendokumentation haben sich aktuell verschiedene Neuerungen ergeben, die den Stellenwert deutlich erhöhen dürften (Mackenstedt/Mussler, 2004). So hat der International Accounting Standards Board (IASB) 2004 analog zu US GAAP eine Neuregelung der Markenbilanzierung bei Unternehmenszusammenschlüssen veröffentlicht. Danach sind die einzelnen Vermögenswerte (inklusive der Marken) im Rahmen der Kaufpreisverteilung des erworbenen Unternehmens zu identifizieren und mit

Tab. 1. Verwendungszwecke von Markenbewertungen und deren Bedeutung aus Unternehmenssicht

Zwecke	Ausprägung	Durchschnittliche Bedeutung *)
Markentransaktionen	• Kauf/Verkauf/Fusion von Unternehmen (s-Teilen) mit bedeutenden Marken • Lizenzierung von Marken	6,2 6,0
Markenschutz	• Schadensersatzbestimmung bei Markenrechtsverletzungen	5,1
Markenführung	• Steuerung und Kontrolle von Marken • Aufteilung von Budgets • Steuerung und Kontrolle von Führungskräften	5,4 4,4 3,8
Markendokumentation	• Unternehmensinterne Berichterstattung • Unternehmensexterne Berichterstattung außerhalb des Jahresabschlusses • Unternehmensexterne Berichterstattung innerhalb des Jahresabschlusses	4,4 4,2 4,0
Markenfinanzierung	• Kreditabsicherung durch Marken • Kreditakquisition durch Marken	3,2 3,2

*) laut Unternehmensbefragung, gemessen auf einer Skala von 1 (unwichtig) bis 7 (sehr wichtig). Ausgewertet wurden Antworten von 126 deutschen Großunternehmen (PriceWaterhouseCoopers/Sattler, 2001)

ihrem Zeitwert („fair value") anzusetzen. Bei unbegrenzter Nutzungsdauer, wovon bei etablierten Marken auszugehen ist, ist eine Abschreibung nur noch über eine zwingend vorgeschriebene, jährlich durchzuführende Werthaltigkeitsprüfung („impairment test") möglich.

Vergleicht man die Studie von PriceWaterhouseCoopers/Sattler (2001) mit der von Schimansky (2004) durchgeführten Befragung von 344 Markenverantwortlichen in Deutschland speziell im Hinblick auf die *Nutzungshäufigkeit* von Markenbewertungszwecken, so ist die von Schimansky (2004) sehr häufig gefundene Verwendung nicht-monetärer Markenwertmaße auffällig; als Verwendungszweck einer Markenbewertung dominiert hier eindeutig der Bereich Markenführung.

III. Anforderungen an eine Markenbewertung

An die Bewertung von Marken sind verschiedene Anforderungen zu stellen. Wie bei jedem Messinstrument ist zunächst *Validität* (inklusive Reliabilität) zu fordern. Da eine Markenbewertung, wie noch zu zeigen sein wird, einen erheblichen Komplexitäts- und Unsicherheitsgrad aufweist, ist diese Forderung häufig nur schwer zu erfüllen.

Eine weitere Anforderung betrifft die *Zweckmäßigkeit* der Messung. Je nach Anwendungszweck sind unterschiedliche Anforderungen relevant. So sind für Zwecke der Markenführung Ursachen- und Wirkungsanalysen für Markenwertentstehung von besonderer Relevanz. Auch der notwendige Zeithorizont variiert in Abhängigkeit vom Verwendungszweck. Beispielsweise genügt bei zeitlich eng befristeten Markenlizenzierungen eine kurzfristige Betrachtung; bei Unternehmenstransaktionen sollte hingegen ein langfristiger Zeithorizont für die Bewertung herangezogen werden. Zu betonen ist, dass die meisten der in Tabelle 1 aufgeführten Markenbewertungszwecke zwingend eine monetäre Bewertung erfordern. Im Wesentlichen ist lediglich bei einigen Zwecken der Markenführung eine nicht-monetäre Bewertung sinnvoll. Allerdings sollte auch hier sichergestellt werden, dass die betrachteten „Brand Value Drivers" in einem engen Zusammenhang mit dem monetären Markenwert stehen, da nur so eine wertorientierte Markenführung gewährleistet wird.

Insbesondere für Bilanzierungszwecke sind besondere Anforderungen an die *Objektivierbarkeit* der Messung zu stellen. Große Probleme stellen hierbei die Quantifizierung von Risiken und sehr lange Prognosezeiträume dar. Ein Teilelement der Objektivierbarkeit bildet das Kriterium der Überprüfbarkeit. Bei vielen kommerziell angebotenen Markenbewertungsverfahren werden einzelne Verfahrensschritte und (angeblich vorgenommene) empirische Validierungen leider nicht ausreichend dokumentiert.

Eine weitere Anforderung ist in der *Einfachheit* des Markenbewertungsverfahrens zu sehen. Auch in speziellen Bewertungsverfahren nicht versierte Außenstehende sollten in der Lage sein, wesentliche Schritte der Bewertung nachvollziehen zu können.

Darüber hinaus sind auch *Kosten-Nutzen*-Aspekte relevant. Der Nutzen aus der Markenbewertung muss größer sein als die Kosten seiner Ermittlung. Interessant ist, dass nach Erfahrungen des Autors Zahlungsbereitschaften für Markenbewertungen häufig ausgesprochen niedrig sind, auch wenn die zu bewertenden Marken einen Wert in mehrstelliger €-Millionenhöhe aufweisen.

Schließlich können auch *Zeitaspekte* eine kritische Rolle spielen, insbesondere im Zusammenhang mit Unternehmenstransaktionen. Hier muss die Bewertung häufig in weniger als zwei Wochen erfolgen.

IV. Identifikation und Lösung zentraler Markenbewertungsprobleme

Soll für ein breites Spektrum an Bewertungszwecken eine Markenbewertung vorgenommen werden, so entstehen vier zentrale Markenwertbewertungsprobleme. Ein erstes Problem besteht in der *Identifikation und Quantifizierung von „Brand Value Drivers"* (synonym: Markenwertindikatoren). „Brand Value Drivers" stellen nicht-monetäre Größen dar, die den monetären Wert einer Marke nachhaltig beeinflussen. Beispiele für „Brand Value Drivers" stellen Markenbekanntheit, -image oder -loyalität dar. Die Identifikation und Quantifizierung von „Brand Value Drivers" ist insbesondere für Zwecke der Markenführung relevant. Die „Brand Value Drivers" erlauben eine Ursachenanalyse der Markenwertentstehung und hierüber eine effektive Markenwertsteuerung. Neben der Quantifizierung der Wirkungsstrukturen zwischen den „Brand Value Drivers" ist es essentiell, die Wirkung von „Brand Value Drivers" auf den (langfristigen) monetären

Markenwert zu messen. Kann der Zusammenhang mit dem monetären Markenwert nicht hinreichend nachgewiesen werden, so ist eine Analyse von „Brand Value Drivers" aus ökonomischer Sicht letztendlich wertlos.

Ein zweites Problem ergibt sich dadurch, dass bei der Ermittlung von Einzahlungsüberschüssen für die zu bewertende Marke nicht die gesamten Einzahlungsüberschüsse aus dem mit der Marke verbundenen Produkt relevant sind, sondern nur diejenigen, die spezifisch auf die Marke zurückzuführen sind. Betrachtet man bei den Einzahlungen die Umsatzerlöse aus einem Produkt, so sind dementsprechend nicht die gesamten Umsatzerlöse relevant, sondern nur der Teil der Umsatzerlöse, der spezifisch auf die Marke zurückzuführen ist. So würde ein Teil der Umsatzerlöse auch erzielt werden können, wenn für das jeweilige Produkt keine (bzw. eine unbekannte oder sehr schwach profilierte) Marke verwendet wird. Entsprechend sind auch nur diejenigen Auszahlungen zu berücksichtigen, die durch die Marke selbst verursacht werden. Das zweite Problem besteht also in einer *Isolierung* von Einzahlungsüberschüssen, die spezifisch durch die Marke verursacht werden. Bei diesem Isolierungsproblem ist ggf. zusätzlich zu berücksichtigen, dass Marken neben direkten Effekten auf die Umsatzerlöse von Produkten und damit verbundenen Auszahlungen weitere monetäre Effekte hervorrufen können. Hierunter fallen beispielsweise markenbedingte Einsparungen in den Bereichen Personal (z.B. kostengünstigere(s) Recruiting und Personalbindung bei Unternehmen mit attraktiven Marken, wie etwa BMW), Finanzierung (z.B. Aktienemissionen der Deutschen Telekom) und Beschaffung (z.B. verbesserte Lieferantenkonditionen für starke Marken). Inwiefern eine Quantifizierung solcher zusätzlichen markenspezifischen Einzahlungsüberschüsse über die markenspezifischen Umsatzerlöse und dazugehörigen Auszahlungen relevant ist, hängt von ihrer relativen Bedeutung ab. Letztendlich ist entscheidend, welchen Stellenwert Marken für unterschiedliche Zielgruppen haben. Häufig beschränkt man sich bei der Isolierung auf die Kunden als Zielgruppe, markenspezifische Umsatzerlöse und dazugehörige Auszahlungen.

Ein drittes Problem besteht darin, dass sich die Wirkungen von Marken über sehr lange Zeiträume erstrecken (z.B. Penrose, 1989). Allgemein zeigt die Existenz klassischer Markenartikel, wie z.B. Coca-Cola, Dr. Oetker, Nivea, Persil, Rama und Tempo, über einen Zeitraum von deutlich über 50 Jahren die (potenziell) langfristige Wirkung von Markenstrategien. Anhand einer Marke wie Datsun, die Anfang der 1980er Jahre eingestellt wurde, wird die Langfristwirkung noch deutlicher. Obwohl hier die letzten Markeninvestitionen mehr als zehn Jahre zurückliegen, genießt diese Marke weiterhin einen hohen Bekanntheitsgrad und positive Einstellungswerte (Aaker, 1991). Für die Markenbewertung in Form einer Ermittlung diskontierter zukünftiger Einzahlungsüberschüsse bedeutet dies, dass Prognosezeiträume von 5, 10 oder sogar noch mehr Jahren relevant werden können (*langfristiges Prognoseproblem*). Aufgrund des Prognoserisikos gilt es, die Risiken zu quantifizieren und bei der Diskontierung der zukünftigen Einzahlungsüberschüsse zu berücksichtigen.

Als viertes zentrales Problem muss schließlich berücksichtigt werden, dass das Wertschöpfungspotenzial einer Marke wesentlich durch *markenstrategische Optionen* beeinflusst wird. Diese Optionen bestehen in erster Linie darin, dass die zu bewertende Marke in Form eines Markentransfers auf neue Produktbereiche und Märkte ausgedehnt werden kann. So wurde z.B. die ursprünglich für den Hautcrememarkt entwickelte Marke Nivea

Markenbewertung: State-of-the-Art

erfolgreich auf eine Vielzahl anderer Märkte transferiert und hat damit erhebliche Wertschöpfungspotenziale realisieren können. Insbesondere seit Anfang der 80er Jahre erfreuen sich solche Markentransfers in der Praxis außerordentlicher Beliebtheit (Esch, 2004; Völckner, 2003). Dabei ist allerdings zu bedenken, dass es infolge des Markentransfers zu einer Verwässerung oder sogar Schädigung des Markenimages kommen kann, mit entsprechend negativen Konsequenzen für sämtliche Produkte, die unter der betroffenen Marke angeboten werden (Kaufmann/Kurt, 2005). Neben der klassischen Form von Markentransfers auf neue Produkte („New Product Brand Extension") kann ein Markentransfer auch durch eine Ausdehnung auf neue (geographische) Märkte vorgenommen werden („New Market Brand Extension"), z.B. in Form eines Transfers der australischen Marken Foster und Winfield auf den deutschen Markt. Weitere markenstrategische Optionen bestehen darin, dass die zu bewertende Marke umpositioniert wird, beispielsweise durch eine Etablierung neuer zentraler Imagedimensionen (z.B. Innovativität bei der Automarke Audi) oder das Eingehen von markenbezogenen Kooperationen, z.B. in Form von Markenallianzen mit Wettbewerbern (Simonin/Ruth, 1998) oder Kooperationen mit dem Handel (Buchanan/Simmons/Bickart, 1999).

In Abb. 1 sind die skizzierten Grundprobleme einer Markenbewertung zusammenfassend dargestellt. Es wird deutlich, dass der Gesamtwert einer Marke in die beiden Komponenten Fortführungswert (Going-Concern-Markenwert) und Wert markenstrategischer Optionen aufgeteilt werden kann. Für beide Komponenten müssen markenspezifische Zahlungen isoliert und langfristig prognostiziert werden. Bei diesen Zahlungen handelt es sich gemäß dem Value-Based-Planning-Ansatz (Day/Farhey, 1988) um eine zahlungsorientierte markenspezifische Gewinngröße (Brand Earnings). Beim Going-Concern-Markenwert wird davon ausgegangen, dass die zu bewertende Marke zukünftig unter den

Abb. 1. Grundprobleme und Komponenten einer Markenwertmessung

gegenwärtigen Rahmenbedingungen (bisherige Produkte, Märkte, Positionierungen und Kooperationen) fortgeführt wird. Der Wert markenstrategischer Optionen ergibt sich hingegen aus zukünftigen Handlungsmöglichkeiten der betrachteten Marke im Hinblick auf neue Produkte, Märkte, Positionierungen oder Kooperationen.

Die in der Literatur vorgeschlagenen Instrumente zur Markenbewertung konzentrieren sich häufig auf einzelne oder eine Teilmenge der vier erläuterten Problembereiche. In den folgenden vier Abschnitten des Kapitels C. sollen daher die bestehenden Markenbewertungsansätze entsprechend ihrem Lösungsbeitrag zu den vier Problembereichen erörtert werden.

C. Bisherige Forschungsbeiträge

I. Identifikation und Quantifizierung von „Brand Value Drivers"

Bislang ist insbesondere in der Unternehmenspraxis eine fast unüberschaubare Vielzahl an Instrumenten zur Messung von „Brand Value Drivers" entwickelt worden. Auf eine umfassende Übersicht muss an dieser Stelle verzichtet werden (z.B. Frahm, 2004; Schimansky, 2004). Sehr häufig wird anstelle von „Brand Value Drivers" der Begriff Markenstärke (Brand Strength) verwendet, die dann zumeist mehrdimensional (z.B. Markenbekanntheit und Image, Keller, 1993), mitunter aber auch eindimensional (z.B. Markennutzen, Brockhoff/Sattler, 1996) gemessen wird. Weder hinsichtlich der als relevant zu erachtenden „Brand Value Drivers" (bzw. der einzelnen Dimensionen der Markenstärke) noch bezüglich der relativen Bedeutung der einzelnen „Drivers" besteht auch nur näherungsweise Einigkeit. Insbesondere bei vielen von der Unternehmenspraxis vorgeschlagenen Verfahren kann man sich nicht des Eindrucks erwehren, dass die einzelnen „Brand Value Drivers" rein aus Plausibilitätsüberlegungen heraus gewählt und willkürlich gewichtet werden. Hierzu zählt z.B. der weltweit verbreitete Brand Asset Valuator von Young & Rubicam mit den auf einfachen Rating-Skalen gemessenen Markenwertindikatoren Markendifferenzierung, Markenrelevanz, Markenansehen und Markenvertrautheit (Richter/Werner, 1998). Hier werden Vorteile im Hinblick auf Kosten, Zeit und Einfachheit mit gravierenden Validitätsproblemen erkauft. Gleiches gilt für Verfahren, die sich isoliert auf einzelne Indikatoren des Markenwerts, wie z.B. Markenbekanntheit, Markenqualität, Markenassoziationen und Markenverbundenheit, konzentrieren (zusammenfassend Frahm, 2004).

Wichtig ist, dass die verwendeten Markenwertindikatoren bzw. „Brand Value Drivers" und deren strukturverknüpfenden Elemente einer eingehenden empirischen Validitätsprüfung unterzogen werden, insbesondere was ihren Zusammenhang mit dem monetären Wertschöpfungspotenzial einer Marke anbelangt. Dies ist beispielsweise der Fall für die von den Marktforschungsunternehmen Icon und GfK angebotenen Verfahren „Markeneisbergmodell" (z.B. Andresen/Esch, 2001; Musiol et al., 2004) und „Brand Potential Index – BPI" (Hupp, 2001) sowie für ein von Sattler und der GfK vorgeschlagenes Indikatorenmodell (Sattler, 1997). Um einen Eindruck diesbezüglicher Ansätze zu vermitteln, sollen das Markeneisbergmodell und das letztgenannte Indikatorenmodell kurz erläutert werden. Eine vergleichende, umfassende Validitätsprüfung steht in jedem Fall bei diesen und anderen Ansätzen aus.

Markenbewertung: State-of-the-Art

Das Markeneisbergmodell besteht aus den zwei Indikatorenklassen „Markenbild" und „Markenguthaben". Das Markenbild bildet die kurzfristigen Wirkungen der Marketing-Mix-Instrumente auf die Markenwahrnehmung der Konsumenten ab und umfasst die folgenden Einzelindikatoren:

- Markenbekanntheit,
- subjektiv empfundener Werbedruck,
- Einprägsamkeit der Werbung,
- Markenuniqueness,
- Klarheit sowie
- Attraktivität des inneren Bildes.

Das Markenguthaben erfasst die über die Marketing-Mix-Instrumente induzierten langfristigen Veränderungen von Konsumenteneinstellungen und beinhaltet die Indikatoren

- Markensympathie,
- Markenvertrauen und
- Markenloyalität.

Viele der Einzelindikatoren finden sich auch im BPI-Ansatz wieder (Hupp, 2001). Die Messung erfolgt bei beiden Modellen durch Konsumentenbefragungen auf Basis einer Batterie von Rating-Skalen. Das Indikatorenmodell von Sattler und der GfK beruht auf einer umfassenden Managerbefragung (n = 78; überwiegend Marketingdirektoren deutscher Konsumgüterhersteller) zur Bedeutung von sechs zentralen Markenwertindikatoren hinsichtlich der langfristigen Wertschöpfungsmöglichkeiten kurzlebiger Konsumgütermarken. Die Ergebnisse zur relativen Bedeutung der Indikatoren sind in Abbildung 2 veranschaulicht. Die Bedeutungsgewichte wurden auf Basis einer über alle Experten gepoolten Regressionsanalyse empirisch geschätzt und validiert (Sattler, 1997).

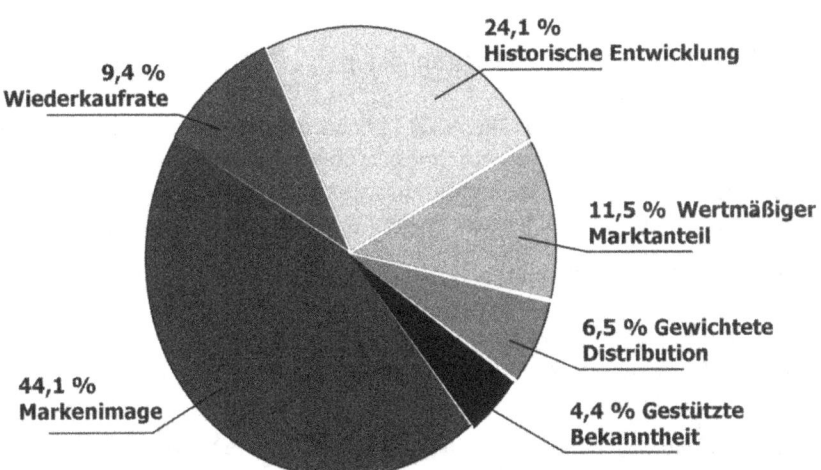

Abb. 2. Relative Bedeutung von „Brand Value Drivers" gemäß dem Indikatorenmodell von Sattler (1997)

Sämtliche Markenbewertungsverfahren, die sich auf die Ermittlung (und ggf. Verknüpfung) von „Brand Value Drivers" beschränken und damit ein nicht-monetäres Maß darstellen, weisen den Nachteil auf, dass sie sich für die meisten praktisch relevanten Markenbewertungszwecke (vgl. Tab. 1) nicht unmittelbar einsetzen lassen und damit unzweckmäßig sind. Allerdings können diese Maße insofern verwendet werden, als dass sie als Basis für eine Transformation in monetäre Größen dienen können. Betrachtet man unter diesem Gesichtspunkt relativ einfach zu ermittelnde Markenwertindikatoren, wie Markenbekanntheit, Markenqualität, Markenassoziationen und Markenverbundenheit (Frahm, 2004), so erweist sich hier eine Transformation der *einzelnen* Indikatoren in monetäre Werte als schwierig. Denn diese Indikatoren beschreiben Konstrukte, die relativ weit von einer – mit monetären Transaktionen verbundenen – Kaufentscheidung entfernt sind. Dementsprechend kommen Agarwal/Rao (1996) bei einer vergleichenden empirischen Untersuchung mit unterschiedlichen Markenwertmaßen auch zu dem Ergebnis, dass der Bekanntheitsgrad als „Brand Value Driver" nur schwach mit einem monetären Markenwertmaß (in Form einer individuellen zusätzlichen Zahlungsbereitschaft hinsichtlich einer Marke gegenüber einem No-Name-Produkt) korreliert (vgl. auch Francois/MacLachlan, 1995; Frahm, 2004). Auf der anderen Seite weisen einfache Maße, wie z.B. der Bekanntheitsgrad, den Vorteil auf, dass sie relativ zeit- und kostengünstig ermittelt werden können; oft sind die erforderlichen Daten sogar in Unternehmen direkt verfügbar. Hierin dürfte der Hauptgrund für ihre weite Verbreitung in der Praxis liegen.

Zusammenfassend kann festgehalten werden, dass die bisherigen Ansätze zur Identifikation und Quantifizierung von „Brand Value Drivers" zumeist nur unzureichend validiert und zudem nur eingeschränkt zweckmäßig sind. Die meisten Ansätze sind einfach sowie kosten- und zeitgünstig einsetzbar, häufig allerdings nur eingeschränkt valide. Auch hinsichtlich der empirisch validierten Ansätze ist man weit davon entfernt, auch nur näherungsweise Einigkeit über die Art und Relevanz von „Brand Value Drivers" erzielt zu haben.

II. Isolierung markenspezifischer Zahlungen

Zur Lösung des Isolierungsproblems ist in der Literatur eine Vielzahl von Vorschlägen entwickelt worden. Dabei konzentrieren sich die Ansätze auf markenspezifische Einzahlungen, die auch im Folgenden im Mittelpunkt stehen sollen (zur Ermittlung markenspezifischer Auszahlungen vgl. Sattler, 1997). Die Isolierung kann erfolgen auf Basis eines

- Preis- und Mengenpremiums,
- hedonischen Preises,
- markenkorrigierten Umsatzes,
- markenkorrigierten Gewinns sowie einer
- Lizenzpreisanalogie.

Preis- und Mengenpremium: Die am häufigsten eingesetzte Vorgehensweise zur Isolierung markenspezifischer Zahlungen basiert auf der Ermittlung eines Preis- und/oder Mengenpremiums. Der Grundgedanke besteht darin, dass eine Marke, in die verschiedene Markeninvestitionen wie z.B. Werbung getätigt wurden, gegenüber einer Referenzmarke mit

Markenbewertung: State-of-the-Art

keinen oder minimalen Markeninvestitionen (näherungsweise eine schwach profilierte Handelsmarke oder als Extremfall ein nicht markiertes Produkt) am Markt einen höheren Preis (Preispremium) und/oder eine höhere Absatzmenge (Mengenpremium) erzielen kann. Werden unter beiden Marken die (prinzipiell) gleichen Produkte angeboten, so stellen Preis- und Mengenpremium unmittelbar ein Maß für markenspezifische Zahlungen dar. Je nach Stärke und Richtung des erzielbaren Preis- und Mengenpremiums können vier Fälle unterschieden werden (Abb. 3). Preis- und Mengenpremium zusammen ergeben das Umsatz- oder „Revenue-Premium" (Ailawadi/Lehmann/Neslin, 2003). Fall A in Abb. 3 kennzeichnet eine ideale Situation für die betrachtete Herstellermarke. Die Marke erzielt im Vergleich zur Referenzmarke einen höheren Preis und eine höhere Absatzmenge. Das resultierende Umsatz-Premium wird durch die grau schraffierte Fläche beschrieben. Im Fall B kann die Herstellermarke einen höheren Preis als die Referenzmarke durchsetzen. Mit dem höheren Preis geht jedoch eine niedrigere Absatzmenge einher. In Abhängigkeit von der relativen Größe des positiven Preis- und negativen Mengenpremiums fällt das Umsatz-Premium positiv oder negativ aus. Im Fall C erzielt die Herstellermarke ein positives Mengenpremium, erkauft sich dieses jedoch durch ein negatives Preispremium. Erneut hängt das Vorzeichen des resultierenden Umsatz-Premiums von der relativen Größe des positiven Mengen- und negativen Preispremiums ab. Fall D kennzeichnet schließlich die Situation eines negativen Umsatz-Premiums. Die Unterscheidung der vier Fälle ist insbesondere für eine Analyse der Ursachen des ermittelten Umsatz-Premiums relevant. Auf-

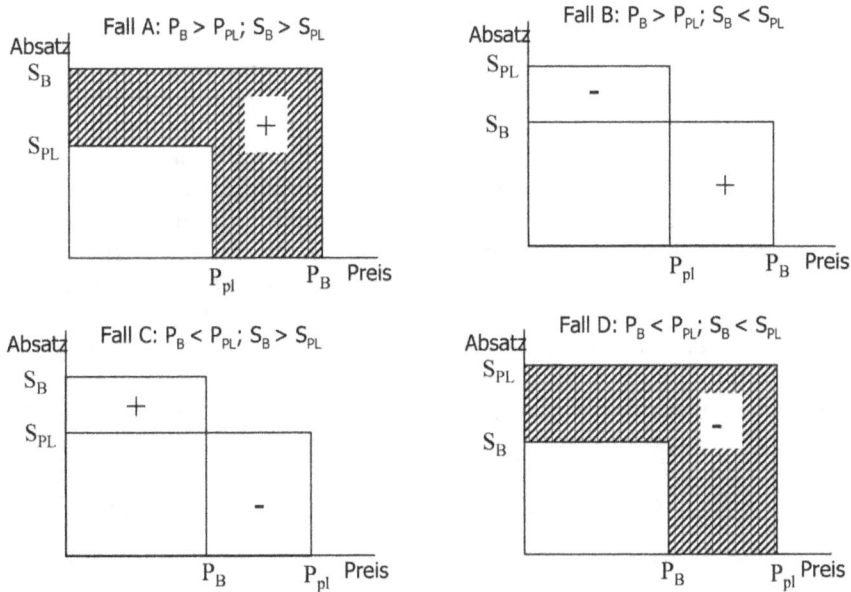

Quelle: Ailawadi/Lehmann/Neslin, 2003

Legende: P_B bzw. P_{PL}: Preis einer Hersteller- bzw. Handelsmarke
S_B bzw. S_{PL}: Absatz einer Hersteller- bzw. Handelsmarke

Abb. 3. Alternative Konstellationen für ein Preis- und Mengenpremium

bauend auf einer solchen Analyse ist zu untersuchen, inwiefern das Umsatz-Premium durch Einsatz markenpolitischer Instrumente verbessert werden kann.

Die Daten zur Messung des Preis- und Mengenpremiums können direkt aus unternehmensinternen Daten (z.B. Paneldaten) entnommen werden. Ein erstes Problem besteht darin, dass die betrachteten Preise und Absatzmengen starken kurzfristigen Schwankungen unterliegen können, z.B. infolge von Verkaufsförderungsmaßnahmen, insbesondere Preispromotions (Gedenk, 2002). Darüber hinaus werden keine Wettbewerber und Wettbewerbsreaktionen berücksichtigt. Auch Distributionseffekte werden vernachlässigt. Weiterhin ist unklar, inwiefern die zu bewertende Marke und die Referenzmarke (näherungsweise) identische Produkte bzw. Produkteigenschaften anbieten. Schließlich besteht nicht die Möglichkeit, eine Ursachen- und Wirkungsanalyse der Markenwertentstehung für Zwecke der Markenführung vorzunehmen, d.h. es besteht keine unmittelbare Verknüpfung mit „Brand Value Drivers".

Ein Teil der Probleme kann durch die Verwendung individueller Befragungsdaten behoben werden. Häufig wird über direkte („Self Explicated"-Modelle) oder indirekte Befragungen (Conjoint-Analysen) eine zusätzliche Zahlungsbereitschaft ermittelt, die Nachfrager für eine Marke gegenüber einer Referenzmarke (z.B. Handelsmarke) haben (Sattler, 2001). Kennt man die Nachfragemengen pro Konsument innerhalb der gegenwärtigen Periode (z.B. innerhalb des laufenden Jahres) und hat man ein für den relevanten Produktmarkt repräsentatives Sample von Konsumenten hinsichtlich der zusätzlichen Zahlungsbereitschaft befragt, so lässt sich der gegenwärtige Wert der Marke hochrechnen. Je nach erhobenen Daten lassen sich Preis- und Mengenpremium bestimmen.

Die Vorgehensweise soll anhand einer unter Validitätsgesichtspunkten besonders geeignet erscheinenden (Sattler, 2005) spezifischen Choice-Based-Conjoint-Analyse näher illustriert werden (Swait et al., 1993). Bei diesem Ansatz wird eine zunächst gemessene Markenpräferenz in verschiedene Komponenten zerlegt und damit eine Interpretation von Ursachen der Markenwertentstehung möglich. Die Präferenzen werden über so genannte Choice-Sets von Marken (bestehend aus der zu bewertenden Marke, der Referenzmarke und wichtigen Konkurrenzmarken) gebildet, die potenziellen Nachfragern zur Auswahl vorgelegt werden. Die Choice-Sets werden jeweils aus den gleichen Marken mit (nach Maßgabe eines orthogonalen Designs) systematisch variierten Preisen gebildet (ggf. können weitere Produkteigenschaften ergänzt werden). Bei jedem der beispielsweise 10 Choice-Sets sollen die Befragten angeben, welche Marke sie kaufen würden (ggf. keine Marke). Auf Basis dieser Daten sowie einer zusätzlich vorgenommenen Einstellungsmessung gegenüber den betrachteten Marken können dann unter Verwendung eines Logit-Ansatzes die Parameter folgender Gleichung geschätzt werden:[1]

(1) $u_{ijc} = MK_j + PS_j * PR_{jc} + OPP_j * OP_{jc} + EIP_j * EI_{ij}$ ($c \in C, i \in I, j \in J$)

wobei:

u_{ijc}: Präferenz des i-ten Nachfragers bezüglich der j-ten Marke im c-ten Choice-Set,
MK_j: Markenspezifische Konstante der j-ten Marke,
PS_j: Preisparameter bezüglich der j-ten Marke,
PR_{jc}: Preis der j-ten Marke im c-ten Choice-Set,
OPP_j: a-Vektor (a∈ A) von Parametern objektiver Produkteigenschaften der j-ten Marke,

OP_{jc}: a-Vektor (a∈ A) objektiver Produkteigenschaften der j-ten Marke im c-ten Choice Set,
EIP_j: b-Vektor (b∈ B) von Parametern hinsichtlich Einstellungen gegenüber der j-ten Marke,
EI_{ij}: b-Vektor (b∈ B) von Einstellungen gegenüber der j-ten Marke beim i-ten Nachfrager,
A: Indexmenge objektiver Produkteigenschaften,
B: Indexmenge der Einstellungen gegenüber einer Marke,
C: Indexmenge der Choice-Sets,
I: Indexmenge der Nachfrager,
J: Indexmenge der Marken.

Bei dieser Gleichung wird die Markenpräferenz (bzw. äquivalent der Markennutzen) in die Komponenten markenspezifische Konstante, objektive Produkteigenschaften und Einstellungen gegenüber den zu bewertenden Marken (z.B. Einstellung hinsichtlich der Zuverlässigkeit einer Marke) zerlegt. Die Erfassung der Preiskomponente dient der Umrechnung des Markennutzens in eine monetäre Größe in Form einer konsumentenspezifischen Zahlungsbereitschaft. Als Markenwert kann der Bestandteil des in eine Zahlungsbereitschaft umgerechneten Markennutzens angesehen werden, der nicht auf objektive Produkteigenschaften zurückzuführen ist. Bei alternativer Markenwertdefinition sind entsprechend modifizierte Markenwertberechnungen möglich.

Alternativ zu einer Conjoint-Analyse kann eine Zahlungsbereitschaft für eine Marke im Vergleich zu einer Referenzmarke auch über die direkte Abfrage eines Preispremiums im Rahmen von „Self Explicated"-Modellen erfolgen. Ähnlich zu dem soeben erläuterten Conjoint-Ansatz nehmen Park/Srinivasan 1994 (erweitert durch Srinivasan/Park/Chang, 2004) eine Zerlegung eines direkt abgefragten Preispremiums in verschiedene Komponenten vor und lassen damit eine Interpretation von Ursachen der Markenwertentstehung zu.

Hedonische Preise: Ein alternativer Ansatz zur Ermittlung einer zusätzlichen Zahlungsbereitschaft besteht auf aggregierter Ebene in der Schätzung einer so genannten hedonischen Preisfunktion (Holbrook, 1992; Randall/Ulrich/Reibstein, 1998; Sander, 1994; Sullivan, 1998). Bei einer hedonischen Preisfunktion wird versucht, die am Markt beobachtbaren Preisvariationen verschiedener Produktvarianten einer Produktklasse durch die Unterschiede der diese Produkte beschreibenden Eigenschaften – hier unter anderem die Marke – zu erklären. Hierzu kann eine Regressionsanalyse mit den beobachteten Preisen als abhängige und den Produkteigenschaften als unabhängige Variable(n) eingesetzt werden. Die geschätzten Regressionskoeffizienten für die Marken können dann als durchschnittliche zusätzliche Zahlungsbereitschaft im Vergleich zu einer unbekannten Marke interpretiert werden. Der Ansatz ist allerdings an verschiedene Annahmen gebunden (wie z.B. vollständige Informationen bei Nachfragern und Anbietern sowie unendlich hohe Reaktionsgeschwindigkeiten der Marktpartner), die vielfach nicht gegeben sind (Weber, 1986). Von daher ist dieser Ansatz für eine Markenwertermittlung nur für die Fälle bzw. Warengruppen geeignet, in denen die Annahmen näherungsweise erfüllt sind (z.B. Automobile). Vorteile bestehen in der einfachen und kostengünstigen Datenbeschaffung.

Markenkorrigierter Umsatz: Anstelle eines Umsatzpremiums (bestehend aus Preis- und Absatzpremium, s.o.) kann bei der Ermittlung markenspezifischer Einzahlungen als

Ausgangsbasis auch unmittelbar auf den Umsatz zurückgegriffen werden. Eine solche Vorgehensweise bietet sich insbesondere dann an, wenn davon ausgegangen werden kann, dass ein sehr großer Teil der Umsatzerlöse markenspezifisch ist. Dies ist für markendominierte Produktkategorien, wie z.B. Bier, der Fall (ein Überblick zu empirisch ermittelten Produktkategorien mit hoher Markendominanz findet sich bei Fischer/Meffert/Perrey, 2004). Sattler/Högl/Hupp (2003) schlagen für solche Fälle einen Isolierungsansatz auf Basis von über Paneldaten gemessenen Umsätzen vor. Die Isolierung bzw. Korrektur erfolgt im Hinblick auf nicht markenspezifische Preispromotion- und Distributionseffekte. Wie oben bei der Ermittlung des Preis- und Mengenpremiums bereits angedeutet, besteht ein Problem der Messung von Markenumsätzen darin, dass diese durch stark kurzfristig wirkende Marketing-Mix-Instrumente verzerrt sein können. Die Idee des Ansatzes von Sattler/Högl/Hupp (2003) besteht nun darin, dass man auf Grundlage einer empirisch (mit Hilfe von Paneldaten) geschätzten Marktreaktionsfunktion diejenigen Umsätze prognostiziert, die sich bei einer über die Produktgruppe durchschnittlichen Preispromotion-Intensität ergeben würden (Sattler/Högl/Hupp, 2003). Ein Beispiel für den deutschen Premiumbiermarkt ist in Abb. 4 illustriert. Beispielsweise wird der Umsatz der Marke Beck's um 0,2 Marktanteilsprozentpunkte infolge eines unterdurchschnittlichen Preispromotion-Anteils (6% statt durchschnittlich 16%) erhöht. Analog werden die Umsätze um Distributionseffekte korrigiert.

Eine andere umsatzbasierte Form der Isolierung wird bei einem von McKinsey entwickelten Instrument vorgenommen, dem so genannten Brand-related Premium Pool – BPP (Bachem/Esser/Riesenbeck, 2001). Der über eine Conjoint-Analyse gemessene BPP drückt aus, welcher Anteil des Umsatzes durch die Marke bedingt wird.

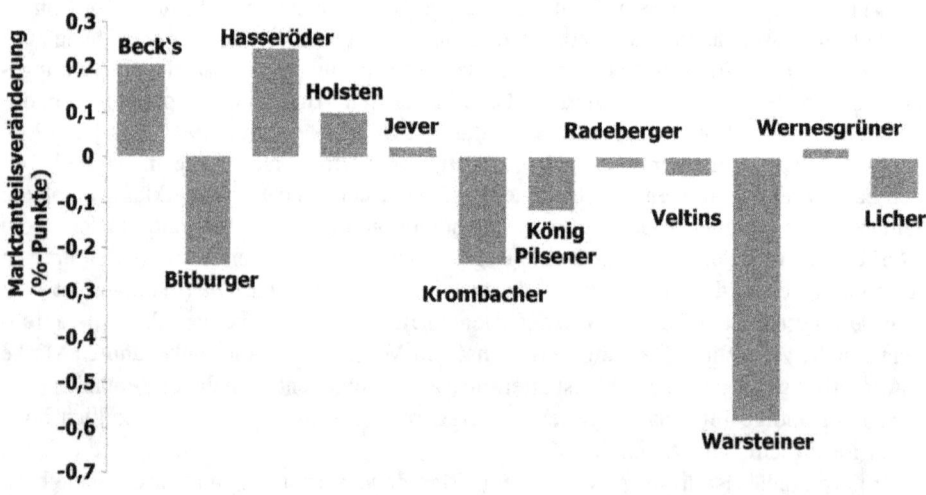

Abb. 4. Marktanteilsveränderungen bei mittlerer (statt realer) Promotion-Intensität von 16 % für alle Marken

Markenkorrigierter Gewinn: Andere Instrumente setzen bei der markenspezifischen Isolierung unmittelbar am Gewinn bzw. Deckungsbeitrag an, den ein Markenprodukt erzielt hat. Beispielsweise werden beim Interbrand-Modell die Gewinne in Form der Einzahlungsüberschüsse aus einem markierten Produkt für ein bestimmtes Jahr mit einem „Role-of-Brand-Index" multipliziert (Trevillion/Perrier, 1999). Letzterer misst die Bedeutung der Marke, die sie bei verschiedenen Nachfragetreibern (u.a. Preis, Produktqualität, Erhältlichkeit) eines Produkts hat. Sehr ähnlich hierzu gehen die Ansätze von Brand-Finance (Haigh, 2000) und Fischer (2005) bzw. McKinsey vor.

Das Modell von AC Nielsen bzw. Konzept & Markt (Brand Performance System, Franzen, 2004) stellt auch auf einen markenkorrigierten Gewinn ab, bezieht sich allerdings auf das gesamte, langfristig erzielbare Gewinn- bzw. Wertschöpfungspotenzial einer Produktgruppe. Für die zu bewertende Marke und die wichtigsten Marken der relevanten Produktgruppe wird über eine Reihe von „Brand Value Drivers", deren Wirkungsstrukturen kausalanalytisch quantifiziert werden, die relative Markenstärke der zu bewertenden Marke im Verhältnis zu den übrigen Marken bestimmt. Diese relative Markenstärke wird dann mit dem Wertschöpfungspotenzial der Produktgruppe multipliziert und stellt unmittelbar einen langfristig gemessenen Markenwert dar.

Lizenzpreisanalogien: Eine besonders in der Rechnungswesenpraxis verbreitete Form der Isolierung ist die Lizenzpreisanalogie (Castedello/Klingbeil, 2004). Nach diesem auch als „Relief from Royalty"-Methode bezeichneten Verfahren ergibt sich der Wert der Marke aus zukünftigen Lizenzzahlungen, die ein Unternehmen aufwenden müsste, wenn es die Marke von einem Dritten lizenzieren müsste. Die üblicherweise verwendete Bezugsbasis ist der mit der Marke generierte Umsatz. Durch Multiplikation des Lizenzsatzes mit dem Umsatz ergibt sich der Markenwert. Es wird dabei versucht, den Lizenzsatz im Wege eines Analogieschlusses abzuleiten. Zumeist lässt sich nur eine Bandbreite möglicher Lizenzsätze ermitteln. In den meisten Fällen wird nicht ausreichend dem Umstand Rechnung getragen, dass in der Lizenzierungspraxis neben dem umsatzbezogenen Lizenzsatz eine Reihe weiterer Größen eine entscheidende Rolle spielen, wie z.B. die Zahlung von Einmalgebühren und der Ansatz garantierter Umsätze (Böll, 1999).

Um den Ermessensspielraum bei der Auswahl eines geeigneten Lizenzsatzes aus einer Bandbreite möglicher Sätze zu reduzieren, wird verschiedentlich vorgeschlagen, die Auswahl des Lizenzsatzes an der Markenstärke zu orientieren (z.B. Lou/Anson, 2000; Schmusch/Klein-Bölting/Esser, 2004). Danach erhalten Marken mit einer sehr hoch (niedrig) ausgeprägten Markenstärke einen Lizenzsatz am oberen (unteren) Ende der Bandbreite üblicher Lizenzsätze. Notwendige Voraussetzung hierfür ist eine valide Ermittlung der Markenstärke (vgl. Abschnitt C. I.).

Zur Plausibilisierung von Lizenzsätzen lässt sich auch die in der Steuerpraxis anerkannte Knoppe-Formel anwenden (Castedello/Klingbeil, 2004). Danach wird grundsätzlich nicht beanstandet, dass ein Lizenznehmer näherungsweise 25 bis 33 % seiner „earnings before interest and tax" (EBIT) für die Zahlung von Lizenzraten verwendet.

Zusammenfassend ergibt sich bei der Bewertung der bisherigen Ansätze zur Isolierung markenspezifischer Zahlungen folgendes Bild: Die Ermittlung eines Preis- und Mengenpremiums kann unter Validitätsgesichtspunkten am ehesten überzeugen, insbesondere wenn zusätzlich wahlbasierte conjoint-analytische Instrumente eingesetzt werden. In Abhängigkeit von marken- und produktspezifischen Besonderheiten sowie dem Bewertungszweck kann auf den zusätzlichen Einsatz wahlbasierter Conjoint-Analysen auch verzichtet werden mit entsprechenden Vorteilen bei den Kriterien Einfachheit und Kosten- und Zeitgünstigkeit. Hedonische Preise eignen sich nur für sehr spezifische Anwendungsfelder, sind dann aber im Hinblick auf die Kriterien Objektivierbarkeit und Kosten- und Zeitgünstigkeit positiv ausgeprägt. Verfahren auf Basis markenkorrigierter Umsätze und Gewinne weisen häufig einen erheblichen Ermessensspielraum auf oder sind – etwa bei Verwendung von Paneldaten – sehr aufwändig. Trotz Favorisierung im Rechnungswesenbereich und in der Rechtsprechung weisen auch Lizenzpreisanalogien erhebliche Ermessensspielräume auf.

III. Langfristige Prognose markenspezifischer Zahlungen

Verfahren, die eine langfristige Prognose markenspezifischer Zahlungen beinhalten, nehmen typischerweise eine ganzheitliche Markenbewertung vor, indem (implizit) neben dem Prognoseproblem mindestens auch eine Lösung des Isolierungsproblems bereitgestellt wird. Entsprechende Ansätze lassen sich in drei Gruppen unterteilen:

- Kostenorientierte Verfahren
- Marktpreisorientierte Verfahren
- Ertragsorientierte Verfahren

Kostenorientierte Verfahren orientieren sich an der Vorstellung, welcher Betrag aufzuwenden wäre, wenn die betreffende Marke wiedererstellt werden müsste (Barwise et al., 1989; Kapferer, 1992). Hierbei können entweder die Wiederbeschaffungskosten der Marke geschätzt oder die historischen „Herstellungskosten" ermittelt werden. Indirekt wird hierüber versucht, eine Approximation der zukünftigen markenspezifischen Zahlungen abzuleiten. Allerdings wird vernachlässigt, dass sich die Wirkungen von für die Marke aufgewendeten Kosten (besser: Investitionen) je nach Umsetzung sehr unterschiedlich auf den zukünftigen Erfolg auswirken können. Beispielsweise haben die dreistelligen €-Millioneninvestitionen in die Marke e-on bislang kaum zusätzliche markenspezifische Zahlungen erbracht. Von daher ist stark anzuzweifeln, ob die alleinige Verwendung historischer Daten ausreicht, um langfristige zukünftige Entwicklungen der Marke adäquat abzubilden.

Marktpreisorientierte Verfahren basieren die Wertermittlung auf einer Analyse von Markttransaktionen und damit verbundenen Transaktionspreisen. Die Marktpreise können sich unmittelbar auf das relevante Unternehmen oder vergleichbare Fälle beziehen. Unternehmensbezogene Marktpreise können z.B. Börsenwerte darstellen. So gehen Simon/Sullivan (1993) davon aus, dass zukünftige markenspezifische Zahlungen vom Finanzmarkt antizipiert werden und damit in den für die langfristige Prognose verwendeten Börsendaten eines Unternehmens enthalten sind. Dabei wird zunächst vom Börsenwert der Wert des materiellen Vermögens, wie er sich aus der Bilanz ergibt, subtrahiert. Der verbleibende immaterielle Wert des Unternehmens wird in drei Komponenten (Markenwert, Wert nicht markenspezifischer Faktoren (z.B. Patente) und Wert branchenspezifischer Faktoren) zerlegt und jeweils geschätzt. Für den Markenwert wird angenommen, dass er eine lineare Funktion des Markenalters, des Markteintrittszeitpunkts, der kumulierten Werbeauszahlungen und des relativen Werbeanteils ist. Selbst wenn eine langfristige Markenwertisolierung aus den Börsendaten gelingt, kann auf diese Art eine Marke nur auf Gesamtunternehmensebene bewertet werden, was nur für Unternehmen Sinn macht, die (im Wesentlichen) eine einzige Marke verwenden (z.B. Siemens). Für Deutschland ergeben sich weitere Einschränkungen, da nur relativ wenige Unternehmen an der Börse gehandelt werden.

Marktpreisorientierte Verfahren auf Basis vergleichbarer Transaktionen orientieren sich beispielsweise an Lizenzen (s.o.) oder Earnings-Multiples, die bei markenmotivierten Unternehmensakquisitionen realisiert wurden (Sattler, 2000). Erhebliche Probleme ergeben sich aus dem Nachweis der Vergleichbarkeit des Transaktionsobjekts mit der zu bewertenden Marke.

Ertragsorientierte Verfahren (inklusive Discounted-Cash-Flow-Verfahren) haben aufgrund der genannten Einschränkungen und Probleme alternativer Ansätze eine weitgehende Anerkennung in der Wissenschaft, Praxis und Rechtsprechung erlangt (Castedello/Klingbeil, 2004). Die Grundidee besteht darin, die zukünftigen Erträge einer Marke, d.h. die markenspezifischen Einzahlungsüberschüsse, zu prognostizieren und auf den Bewertungsstichtag zu diskontieren. Die Diskontierung erfordert die Ermittlung eines Kalkulationszinssatzes. Um dem Prognoserisiko Rechnung zu tragen, wird vielfach ein Zinsrisikozuschlag in Ergänzung zu einem risikolosen Zinssatz angewandt (Sattler, 1997).

Ertragsorientierte Markenbewertungsansätze lassen sich in Verfahren untergliedern, welche die zukünftigen markenspezifischen Einzahlungsüberschüsse (oder verwandte Gewinngrößen)

(a) durch pauschalierte Fortschreibung ermitteln,
(b) über explizite Prognosen erfassen oder
(c) unmittelbar aus „Brand Value Drivers" ableiten.

(a) Pauschalierte Fortschreibung: Der erste Typ von Verfahren ist dadurch gekennzeichnet, dass die markenspezifischen Einzahlungsüberschüsse in die Zukunft pauschal fortgeschrieben werden. Eine häufige Annahme ist, dass sich die Überschüsse zukünftig (ggf. inflationsbereinigt) dauerhaft konstant entwickeln (z.B. Fischer, 2005). In diesem Fall lässt sich der langfristige Markenwert sehr einfach durch Division des kurzfristigen Markenwerts (z.B. isolierte markenspezifische Zahlungen des aktuellen Jahres) durch den Kalkulationszinssatz gemäß der Formel zur Berechnung einer ewigen Rente berechnen. Der Faktor (1/Kalkulationszinssatz) entspricht dann einem Brand-Earnings-Multiple. Teilweise wird direkt an diesem Multiple bei der Prognose angesetzt. So bestimmt das Verfahren „Semion Brand Evaluation" ein Multiple anhand von sechs Hauptfaktoren im Sinne von „Brand Value Drivers" (Finanzwert, Markenschutz, Markenstärke, Markenimage, Markeneinfluss, internationale Markenbedeutung), die sich aus insgesamt bis zu 94 Einzelfaktoren zusammensetzen (Frahm, 2004; Kaeuffer, 2004). Aufgrund der willkürlich anmutenden Gewichtung der Faktoren ist dieser Ansatz mit erheblichen Validitätsproblemen behaftet. Das „Brand Rating Modell" (angeboten von Icon und Wieselhuber & Partner) setzt am Kalkulationszinssatz an und bestimmt diesen produktgruppenspezifisch in Abhängigkeit verschiedener Indikatoren, wie z.B. Preis- und Mengenentwicklung und Markenrelevanz (Frahm, 2004). Auch hier ist die Gewichtung kritisch zu sehen. Ein weiteres Problem der Verwendung von Brand-Earnings-Multiples besteht in der Ermitt-

lung des kurzfristigen Markenwerts (typischerweise bezogen auf ein Jahr), da dieser zeitlichen Schwankungen unterliegen kann. Fischer (2005) schlägt deshalb vor, den durchschnittlichen Markenwert der letzten 3 Jahre als Basis zu verwenden. Allerdings können auch hiermit zukünftig stark dynamische Effekte nicht abgebildet werden und schränken den Anwendungsbereich insofern ein. Anstelle der Annahme zukünftig konstanter Entwicklungen wird teilweise auch mit konstanten Wachstumsraten gearbeitet, so zumindest teilweise beim Valmatrix-Ansatz von Consor (Lou/Anson, 2000). Bei langen Prognosezeiträumen führen derartige lineare Wachstumsannahmen häufig zu eklatanten Prognosefehlern. Solche Fehler können durch explizite Prognosen vermieden werden.

(b) Explizite Prognosen: Verfahren mit einer expliziten Prognose zukünftiger markenspezifischer Zahlungen unterteilen typischerweise den Prognosezeitraum in eine Planungs- und eine Postplanungsperiode (Maul/Mussler/Hupp, 2004). In der Planungsperiode sind explizite Prognosen möglich (ca. 3 bis 5 Jahre), in der Postplanungsperiode erfolgt eine pauschalierte Fortschreibung (s.o.), zumeist unter Annahme zukünftig (real) konstanter Entwicklungen. Diesbezügliche Ansätze bieten u.a. BBDO/Ernst & Young (Brand Equity Valuation for Accounting – BEVA Schmusch/Klein-Bölting/Esser, 2004), Brand Finance (Haigh, 2000), Interbrand (Stucky, 2004a und 2004b), KPMG (Castedello/Klingbeil, 2004), McCann Erickson/Future Brand (Brand Analytics, Landwehr, 2004) und PwC/GfK/Sattler (Advanced Brand Valuation, Maul/Mussler/Hupp, 2004; Sattler/Högl/Hupp, 2003) an. Diese Verfahren sind ganz oder in wesentlichen Teilen von der Unternehmenspraxis entwickelt worden.

Grundlage für die Prognose bildet jeweils eine detaillierte Analyse von Daten aus dem internen und externen Rechnungswesen, inklusive historischer Daten und Plangrößen, wie z.B. Planbilanzen oder Geschäftspläne. Beispielsweise werden beim Modell von BBDO/Ernst & Young auf Basis der genannten Daten vom Bewertenden Umsätze für die Planungsperiode geschätzt. Diese Umsätze werden dann gemäß dem oben beschriebenen Isolierungsverfahren (Abschnitt C. II.) mit markenspezifischen Lizenzsätzen multipliziert. Ähnlich hierzu gehen die übrigen genannten Ansätze vor, und zwar unter Berücksichtigung der jeweiligen Besonderheiten des eingesetzten Isolierungsverfahrens. Ergänzend zu den Einschätzungen der Bewertenden werden verschiedentlich Expertenschätzungen verwendet (z.B. bei Interbrand, Stucky, 2004a und 2004b) oder PwC/GfK/Sattler (Maul/Mussler/Hupp, 2004; Sattler/Högl/Hupp, 2003). Diese Einschätzungen unterliegen einem erheblichen Ermessensspielraum, wodurch die Objektivierbarkeit und Validität eingeschränkt wird. Wichtig ist, dass die gewählten Vorgehensweisen klar offen gelegt werden. Hier herrscht bei den genannten Verfahren teilweise ungenügende Transparenz. Weiterhin sollten – jenseits der Verwendung eines Risikozuschlags bei der Diskontierung (s.u.) – bei langfristigen Prognosen unvermeidliche Risiken in Form von Sensitivitäts- und Risikoanalysen quantifiziert werden. Dies wird insbesondere beim Ansatz von PwC/GfK/Sattler (Maul/Mussler/Hupp, 2004; Sattler/Högl/Hupp, 2003) realisiert.

Ein auch unter Objektivierungsgesichtspunkten interessanter Vorschlag aus dem Bereich der Wissenschaft ist der so genannte *Momentum-Accounting-Ansatz* (Farquhar/Ijiri, 1993). Ziel ist es, im Zeitablauf beobachtete Veränderungen der mit Marken verbundenen Zahlungsströme (Momentum, z.B. Umsätze) durch bestimmte Faktoren (Impulse, z.B. Werbekampagnen) zu erklären. Ähnlich wie bei materiellen Vermögensgegenständen bestimmte Abschreibungsverläufe beobachtet werden können, versucht das Momentum-Accounting für die mit Marken verbundenen Zahlungsströme bestimmte Muster von Abschreibungs- bzw. Verfallratenverläufen zu bestimmen. Gelingt es für typische Impulse, die spezifisch auf eine Marke wirken, Standardmuster von Verfallratenverläufen zu ermitteln, so können diese für eine Prognose markenspezifischer Erfolgsgrößen verwendet werden. Wesentlicher Kritikpunkt an dem Verfahren ist, dass der Prognosezeitraum eingeschränkt ist und der Ansatz sich somit für eine langfristige Prognose mit Zeiträumen von 5 und mehr Jahren nur schwer einsetzen lässt.

(c) Unmittelbare Ableitung aus „Brand Value Drivers": Eine unmittelbare Ableitung eines langfristigen Markenwerts aus „Brand Value Drivers" wird z.B. beim oben beschriebenen Ansatz von AC Nielsen bzw. Konzept & Markt vorgenommen (vgl. Abschnitt C.II.), indem die relative Markenstärke mit dem langfristigen Wertschöpfungspotenzial der relevanten Produktgruppe multipliziert wird. Die relative Markenstärke wird hierbei über verschiedene „Brand Value Drivers" definiert (Franzen, 2004). In welchem Maß die gemessene relative Markenstärke allerdings wirklich die zukünftigen markenspezifischen Einzahlungsüberschüsse valide approximieren kann, wird nicht nachgewiesen. Ein solcher Nachweis kann hingegen beim Indikatorenmodell Sattler/GfK erbracht werden (Sattler, 1997). Wie oben erläutert, beruht das Modell auf einer großzahligen Managerbefragung zur Bedeutung von zentralen „Brand Value Drivers" (vgl. Abb. 2) hinsichtlich der langfristigen Wertschöpfungsmöglichkeiten kurzlebiger Konsumgütermarken. Gegenüber alternativen Ansätzen weist das Verfahren von Sattler/GfK verschiedene Besonderheiten auf:

- erstens erfolgt eine umfassende Validitätsprüfung der ermittelten Ergebnisse,
- zweitens werden Parameter des Indikatorenmodells nicht wie bei vielen bisherigen Verfahren (willkürlich) vorgegeben, sondern *empirisch* über eine umfassende Stichprobe von Expertenurteilen geschätzt und
- drittens erfolgen Bewertungen explizit langfristig, ohne pauschal zukünftig konstante Entwicklungen zu unterstellen (wie dies vielfach bei bisherigen Ansätzen der Fall ist).

Allerdings ist das Modell an relativ enge Rahmenbedingungen gebunden (Sattler, 1997).
Sämtliche beschriebenen ertragsorientierten Markenbewertungsverfahren erfordern eine ggf. risikoadjustierte *Diskontierung* der prognostizierten Zahlungen. In Anlehnung an Praktiken der Unternehmensbewertung wird der Kapitalisierungszinssatz vielfach anhand kapitalmarkttheoretischer Modelle abgeleitet. Das gebräuchlichste Modell zur Ermittlung von Eigenkapitalkosten ist das Capital Asset Pricing Modell (CAPM), das – ggf. modifiziert – als Näherungslösung für markenspezifische Kapitalkosten herangezogen wird. Die Diskontierung erfolgt dann häufig mit den so genannten gewichteten durchschnittlichen Kapitalkosten (WACC, z.B. Fischer, 2005; Interbrand, Stucky, 2004a und 2004b; Sattler/Högl/Hupp, 2003). Eine markenspezifische Modifikation bei der Ermittlung der Kapitalkosten erfolgt beispielsweise beim Ansatz von PwC/GfK/Sattler dadurch, dass eine produktgruppenspezifisch ermittelte Bandbreite von Betafaktoren (als Determinante des Risikos) in Abhängigkeit der empirisch bestimmten Markenstärke zu einem markenspezifischen Betafaktor verdichtet wird (Sattler/Högl/Hupp, 2003). Ähnlich gehen auch die Ansätze von Interbrand und Brand Finance vor (Stucky, 2004a und 2004b; Haigh, 2000).

Versucht man die Ansätze zur langfristigen Prognose markenspezifischer Zahlungen zusammenfassend zu bewerten, so ist von der alleinigen Verwendung kostenorientierter Verfahren eindeutig abzuraten. Marktpreisorientierte Verfahren eignen sich – von ganz spezifischen Datenkonstellationen abgesehen – typischerweise nur zur Ableitung einer Näherungslösung. Es verbleiben im Wesentlichen ertragsorientierte Verfahren. Sie haben vom Grundsatz her weitgehende Anerkennung in der Wissenschaft, Praxis und Rechtsprechung erlangt. Im Detail ergeben sich bei der Prognose, Diskontierung und Risikoquantifizierung allerdings erhebliche Unterschiede zwischen den vielfältigen Ansätzen. Für spezifische Anwendungskonstellationen sind viel versprechende Lösungen vorgeschlagen worden. Man ist allerdings weit von einem in großen Teilen anerkannten Bewertungsstandard entfernt. Probleme ergeben sich bei der Validität und Objektivierbarkeit, insbesondere bei einfachen und zeit- und kostengünstigen Verfahren.

IV. Bewertung markenstrategischer Optionen

Eine Bewertung von markenstrategischen Optionen wird bei den meisten bisher entwickelten Markenbewertungsverfahren nicht vorgenommen, zumeist mit dem Argument einer zu hohen Bewertungsunsicherheit. Dabei muss berücksichtigt werden, dass auch ein Verzicht auf eine Messung einer Bewertung mit 0 entspricht, was in den allermeisten Fällen, insbesondere bei Bewertungen im Rahmen von markenmotivierten Unternehmensakquisitionen, zu groben Fehleinschätzungen führen kann. So zeigt eine umfassende Simulationsanalyse von Sattler (2000) anhand von Earnings-Multiples, dass in vielen Fällen der Wert markenstrategischer Optionen 50 % und mehr des gezahlten Kaufpreises für Unternehmen mit sehr starken Marken ausmacht.

Sofern markenstrategische Optionen im Rahmen bisheriger Markenbewertungsinstrumente berücksichtigt werden, erfolgt dies zumeist nur über einfache Näherungsverfahren (z.B. über ein Scoringmodell für das Markentransferpotenzial im Rahmen der Berechnung eines „Brand Future Score" beim Brand-Rating-Ansatz (Musiol et al., 2004) oder implizit im Rahmen der Messung der Markenstärke (z.B. beim Interbrand-Ansatz, Stucky, 2004a und 2004b).

Der bisher umfassendste Versuch, markenstrategische Optionen in Form von Markentransferpotenzialen zu quantifizieren, stammt von Sattler/Högl/Hupp (2003) (siehe auch Sattler, 1998b). Bei der Bewertung wird zunächst durch ein Bewertungsteam eine Auswahl besonders Erfolg versprechender Transfermärkte vorgenommen, auf welche die zu bewertende Marke zukünftig ausgedehnt werden kann. Für jeden dieser Märkte wird dann die Markentransferpotenzialstärke über einen so genannten Stretching-Score ermittelt. Dieser determiniert die Erfolgswahrscheinlichkeit zur Erreichung eines bestimmten Marktanteils auf dem Transfermarkt. Der Stretching-Score wird über ein Punktbewertungsverfahren ermittelt, in das eine Vielzahl von Erfolgsfaktoren von Markentransfers einfließen, u.a. die Ähnlichkeit zwischen Marke und neuem Transferprodukt, die Muttermarkenstärke, der Erfolg und die Breite vorangegangener Markentransfers, die Marketingunterstützung und die Handelsakzeptanz auf dem Transfermarkt. Die Wirkungsstrukturen wurden kausalanalytisch auf Basis der bislang umfangreichsten wissenschaftlichen Studie zum Erfolg von Markentransfers geschätzt (Völckner, 2003).

Insgesamt kann festgehalten werden, dass der Problembereich einer Bewertung markenstrategischer Optionen von der Literatur bisher zu einem sehr unbefriedigenden Teil gelöst worden ist. Wesentliche Forschungsbeiträge konnten lediglich im Bereich der Abschätzung von Erfolgswahrscheinlichkeiten für spezifische Formen potenziell realisierbarer Markentransfers geliefert werden.

D. Zusammenfassende Beurteilung und zukünftige Forschungsfelder

Eine wertorientierte Markenführung ist aus Sicht der Unternehmenspraxis für eine Vielzahl von Zwecken, wie z.B. für Markentransaktionen, Markenschutz, Markenführung und Markendokumentation, von herausragender Bedeutung. Zur Umsetzung einer solchen wertorientierten Markenführung ist der Einsatz von Markenbewertungsinstrumenten notwendig.

Für die meisten praktisch relevanten Verwendungszwecke einer Markenwertbestimmung bietet sich eine Messung in Form eines Kapitalwerts abgezinster zukünftiger markenspezifischer Einzahlungsüberschüsse an. Bei der Ermittlung eines solchermaßen definierten Markenwerts müssen:

- erstens „Brand Value Drivers" identifiziert und quantifiziert werden,
- zweitens markenspezifische Zahlungen separiert werden (d.h. Isolierung markeninduzierter von nicht markeninduzierten Zahlungen),
- drittens müssen diese Zahlungen langfristig prognostiziert werden und
- viertens muss abgeschätzt werden, welche zukünftigen markenstrategischen Optionen die zu bewertende Marke hat. Dies gilt insbesondere hinsichtlich der Ausdehnung auf neue Produkte und Märkte sowie der Wertsteigerung durch Repositionierungen und Kooperationen.

Der vorliegende Aufsatz hat versucht, einen Überblick zu einer Vielzahl von Verfahren zu geben, die einen Lösungsbeitrag zu den vier Bewertungsproblemen leisten.

Die bisherigen Ansätze zur Identifikation und Quantifizierung von „Brand Value Drivers" sind für Zwecke der Markenbewertung zumeist nur unzureichend validiert und zudem nur eingeschränkt zweckmäßig. Wünschenswert wäre es, zentrale Dimensionen der Markenstärke – insbesondere das Markenimage i.w.S. – aus unterschiedlichen Ansätzen zu integrieren und auf ihre Relevanz hinsichtlich des monetären Wertschöpfungspotenzials zu prüfen.

Am weitesten fortgeschritten sind Ansätze zur Lösung des Isolierungsproblems, insbesondere auf Basis eines Preis- und Mengenpremiums. Hier gilt es, die vorgeschlagenen Verfahren in Abhängigkeit vom jeweiligen Anwendungszweck, den Bewertungserfordernissen und der Datenkonstellation zu beurteilen.

Verfahren zur langfristigen Prognose markenspezifischer Zahlungen konzentrieren sich – von spezifischen Daten- und Bewertungskonstellationen abgesehen – im Wesentlichen auf ertragsorientierte Verfahren. Sie haben vom Grundsatz her weitgehende Anerkennung in der Wissenschaft, Praxis und Rechtsprechung erlangt; Details bei der Prognose, Diskontierung und Risikoquantifizierung weisen allerdings erhebliche Unterschiede auf. Auch aufwändige und komplexe Verfahren weisen Probleme hinsichtlich

Validität und Objektivierbarkeit auf. Auffällig ist, dass es bis auf wenige Ausnahmen kaum Vorschläge aus der Wissenschaft zur Lösung des langfristigen Prognoseproblems gibt. Hier ergibt sich unmittelbarer Forschungsbedarf, um nicht ein weiteres Mal – wie zuvor beispielsweise beim Thema Wertschöpfungspartnerschaften im Handel oder Shareholder Value – der Praxis die Lösung eines zentralen betriebswirtschaftlichen Problems zu überlassen.

In der Praxis und der Wissenschaft gleichermaßen vernachlässigt wird das Problem der Wertmessung markenstrategischer Optionen. Mit den bisherigen Ansätzen kann im Wesentlichen lediglich eine Abschätzung von Erfolgswahrscheinlichkeiten für potenziell realisierbare Markentransfers vorgenommen werden.

Darüber hinaus besteht weiterer Forschungsbedarf in der Abgrenzung des Markenwerts vom ökonomischen Wert anderer immaterieller Vermögensgegenstände, wie z.B. Kundenbeziehungen oder Distributionsbeziehungen (vgl. Srivastava/Shervani/Fahey 1998; Krafft 2002). Trotz inhaltlich starker Überschneidungen fehlt es bislang an Versuchen, die verschiedenen marketingbezogenen immateriellen Vermögensgegenstände in einer Gesamtschau jeweils isoliert zu messen.

Angesichts der erheblichen Relevanz des Themas Markenbewertung in Verbindung mit der prinzipiell seit vielen Jahren sehr hohen Forschungspriorität überrascht der vergleichsweise geringe Erkenntnisfortschritt. Man ist weit von einem in großen Teilen anerkannten Bewertungsstandard entfernt. In jüngster Zeit haben sich unter Federführung der Praxis verschiedene Initiativen zur Erarbeitung eines solchen Standards gegründet, u.a. der „Arbeitskreis Markenbewertung" unter dem Dach der Gesellschaft zur Erforschung des Markenwesens (GEM), der „DIN-Arbeitsausschuss zur Markenwertmessung" unter Federführung des Markenverbandes e.V. oder das Institut für Markenwert. Bislang liegen keine greifbaren Ergebnisse vor.

Anmerkungen

* Für wertvolle Hinweise bei der Erstellung des Manuskripts danke ich dem Herausgeber des Sonderhefts und Dipl.-Kfm. Mario Farsky.
1 Swait et al. Auf die Darstellung eines individuell zu schätzenden Interaktionsterms zwischen Nachfragercharakteristika und markenspezifischen Variablen wird hier aus Übersichtsgründen verzichtet, vgl. Swait, 1993, S. 28.

Literatur

Aaker, D. A. (1991): Managing Brand Equity: Capitalizing on the Value of a Brand Name, New York: The Free Press.
Agarwal, M. K./Rao, V. R. (1996): An Empirical Comparison of Consumer-Based Measures of Brand Equity, in: Marketing Letters, Vol. 7, S. 237–247.
Ailawadi, K. L./Lehmann, D. R./Neslin, S. A. (2003): Revenue Premium as an Outcome Measure of Brand Equity, in: Journal of Marketing, Vol. 67, S. 1–17.
Andresen, T./Esch, F.-R. (2001): Der Markeneisberg zur Messung der Markenstärke, in: Esch, F.-R. (Hrsg.): Moderne Markenführung, 3. Aufl., Wiesbaden: Gabler, S. 1081–1103.
Bachem, R./Esser, M./Riesenbeck, H. (2001): Mit BPP den Markenwert maximieren, in: akzente, Nr. 20, S. 2–9.

Markenbewertung: State-of-the-Art

Barwise, P./Higson, C./Likierman, A./Marsh, P. (1989): Accounting for Brands, London: London Business School.

Böll, K. (1999): Merchandising und Licensing, München: Vahlen.

Brockhoff, K./Sattler, H. (1996): Schwartauer Werke. Markenwert und Qualitätszeichen, in: Dichtl, E./Eggers, W. (Hrsg.): Markterfolg mit Marken, München: Beck, S. 207–224.

Buchanan, L./Simmons, C. J./Bickart, B. A. (1999): Brand Equity Dilution: Retailer Display and Context Brand Effects, in: Journal of Marketing Research, 36, S. 345–355.

Castedello, M./Klingbeil, C. (2004), KPMG-Modell: in: Verlagsgruppe Handelsblatt GmbH (Hrsg.): Die Tank AG, Düsseldorf: Verlagsgruppe Handelsblatt, S. 147–169.

Day, G./Farhey, L. (1988): Valuing Market Strategies, in: Journal of Marketing, Vol. 52, S. 45–57.

Esch, F.-R. (2004): Strategie und Technik der Markenführung, 2. Aufl. München: Vahlen.

Farquhar, P. H./Ijiri, Y. (1993): A Dialogue on Momentum Accounting for Brand Management, in: International Journal of Research in Marketing, Vol. 10, S. 77–92.

Fischer, M. (2005): Markenbewertung unter den Bedingungen kapitalmarktorientierter Rechnungslegung, Manuskript, Christian-Albrechts-Universität Kiel.

Fischer, M./Meffert, H./Perrey, J. (2004): Markenpolitik: Ist sie für jedes Unternehmen gleichermaßen relevant?, in: Die Betriebswirtschaft (DBW), 64. Jg., S. 333–356.

Frahm, L.-G. (2004): Markenbewertung – Ein empirischer Vergleich von Bewertungsmethoden und Markenwertindikatoren, Frankfurt/M.: Peter Lang.

Franzen, O. (2004): Das Brand Performance System von AC Nielsen: Standardisierte Markenbewertung auf der Grundlage von Marktforschungsdaten, in: Schimansky, A. (Hrsg.): Der Wert der Marke, München: Vahlen, S. 146–167.

Francois, P./MacLachlan, D. L. (1995): Ecological Validation of Alternative Customer-Based Brand Strength Measures, in: International Journal of Research in Marketing, Vol. 12, S. 321–332.

Gedenk, K. (2002): Verkaufsförderung, München: Vahlen.

Haigh, D. (2000): Brand Valuation: Measuring and Leveraging your Brand, Brand Finance (Hrsg.): A report for the Institute of Canadian Advertising, Toronto: Institute of Canadian Advertising.

Holbrook, M. B. (1992): Product Quality, Attributes, and Brand Name as Determinants of Price: The Case of Consumer Electronics, in: Marketing Letters, Vol. 3, S. 71–83.

Hupp, O. (2001): Brand Potential Index, in: Diller, H. (Hrsg.): Vahlens Großes Marketing Lexikon, 2. Aufl., München: Vahlen, S. 191–192.

Kapferer, J.-N. (1992): Die Marke - Kapital des Unternehmens, Landsberg und Lech: Verlag Moderne Industrie.

Kaeuffer, J. (2004): semion brand€valuation, in: Verlagsgruppe Handelsblatt GmbH (Hrsg.): Die Tank AG, Düsseldorf: Verlagsgruppe Handelsblatt, S. 205-220.

Kaufmann, G./Kurt, K. (2005): Rückwirkungen von Markentransfers auf die Muttermarke: eine empirische Auswertung von Fallbeispielen, in: Research Papers on Marketing and Retailing, Nr. 22, Universität Hamburg.

Keller, K. L. (1993): Conceptualizing, Measuring, and Managing Customer-Based Brand Equity, in: Journal of Marketing, Vol. 57, S. 1–22.

Krafft, M. (2002): Kundenbindung und Kundenwert: Heidelberg: Physica-Verlag.

Landwehr, M. (2004): The Big Picture: Roadmap to Effective Communication and Brand Analytics, in: Schimansky, A. (Hrsg.): Der Wert der Marke, München: Vahlen, S. 626–647.

Lou, M./Anson, W. (2000): Brand Valuation. Die marktorientierte Markenbewertung, in: absatzwirtschaft, Sondernummer Oktober 2000, S. 164–168.

Mackenstedt, A./Mussler, S. (2004): IFRS 3 regelt Markenbilanzierung neu, in: pwc, November, S. 22–24.

Maul, K.-H./Mussler, S./Hupp, O. (2004): Advanced Brand Valuation, in: Verlagsgruppe Handelsblatt GmbH (Hrsg.): Die Tank AG, Düsseldorf: Verlagsgruppe Handelsblatt, S. 171–204.

Musiol, K. G./Berens, H./Spannagl, J./Biesalski, A. (2004): icon Brand Navigator und Brand Rating für eine holistische Markenführung, in: Schimansky, A. (Hrsg.): Der Wert der Marke, München: Vahlen, S. 370–399.

Park, C. S./Srinivasan, V. (1994): A Survey-Based Method for Measuring and Understanding Brand Equity and its Extendibility, in: Journal of Marketing Research, Vol. 31, S. 271–288.

Penrose, N. (1989): Valuation of Brand Names and Trade Marks, in: Murphy, J. (Hrsg.): Brand Valuation: Establishing a True and Fair View, London: Business Books, S. 32–46.
PriceWaterhouseCoopers und Sattler, H. (2001): Praxis von Markenbewertung und Markenmanagement in Deutschen Unternehmen, 2. Aufl., Frankfurt/M.: Fachverlag Moderne Wirtschaft.
Randall, T./Ulrich, K./Reibstein, D. (1998): Brand Equity and Vertical Product Line Extent, in: Marketing Science, Vol. 17, S. 356–379.
Richter, M./Werner, G. (1998): Marken im Bereich Dienstleistungen: Gibt es das überhaupt?; in: Tomczak, T./Schlögel, M./Ludwig, E. (Hrsg.): Markenmanagement für Dienstleistungen, St. Gallen: THEXIS-Verlag, S. 24–35.
Sander, M. (1994): Die Bestimmung und Steuerung des Wertes von Marken. Eine Analyse aus Sicht des Markeninhabers, Heidelberg: Physica-Verlag.
Sattler, H. (1995): Markenbewertung, in: Zeitschrift für Betriebswirtschaft, 65. Jg., S. 663–682.
Sattler, H. (1997): Monetäre Bewertung von Markenstrategien für neue Produkte, Stuttgart: Schäffer-Poeschel.
Sattler, H. (1998a): Der Wert von Handelsmarken. Eine empirische Analyse, in: Trommsdorff, V. (Hrsg.): Handelsforschung 1998/99: Innovation im Handel, Jahrbuch der Forschungsstelle für den Handel Berlin (FfH) e.V., Heidelberg: Physica-Verlag, S. 433–450.
Sattler, H. (1998b): Beurteilung der Erfolgschancen von Markentransfers, in: Zeitschrift für Betriebswirtschaftslehre, 68. Jg., S. 475–495.
Sattler, H. (2000): Eine Simulationsanalyse zur Beurteilung von Markeninvestitionen, in: OR Spektrum – Quantitative Approaches in Management, Vol. 22, S. 173–196.
Sattler, H. (2001): Markenpolitik, Stuttgart et al.: Kohlhammer.
Sattler, H. (2005): Präferenzforschung für Innovationen, erscheint in: S. Albers und O. Grassmann (Hrsg.): Handbuch für Technologie- und Innovationsmanagement, Wiesbaden: Gabler.
Sattler, H./Högl, S./Hupp, O. (2003): Evaluation of the Financial Value of Brands, in: Excellence in International Research (Hrsg.: ESOMAR – The World Association of Research Professionals), Vol. 4, S. 75–96.
Schimansky, A. (2004): Der Wert der Marke, München: Vahlen.
Schmusch, M./Klein-Bölting, U./Esser, M. (2004): Brand Equity Valuation for Accounting (BEVA), in: Verlagsgruppe Handelsblatt GmbH (Hrsg.): Die Tank AG, Düsseldorf: Verlagsgruppe Handelsblatt, S. 61–80.
Simon, C. J./Sullivan, M. W. (1993): The Measurement and Determinants of Brand Equity: A Financial Approach, in: Marketing Science, Vol. 12, S. 28–52.
Simonin, B. L./Ruth, J. A. (1998): Is a Company Known by the Company it Keeps? Assessing the Spillover Effects of Brand Alliances on Consumer Brand Attitudes, in: Journal of Marketing Research, Vol. 35, S. 30–42.
Srinivasan, V./Park, C. S./Chang, D. R. (2004): An Approach to the Measurement, Analysis, and Prediction of Brand Equity and its Sources, in: Research Paper No. 1685 R1, Stanford Graduate School of Business.
Srivastava, R.K./Shervani, T.A./Fahey, L. (1998): Market-Based Assets and Shareholder Value: A Framework for Analysis, in: Journal of Marketing, Vol. 62, S. 2–18.
Stucky, N. (2004a): Interbrand Modell, in: Verlagsgruppe Handelsblatt GmbH (Hrsg.): Die Tank AG, Düsseldorf: Verlagsgruppe Handelsblatt, S. 103–128.
Stucky, N. (2004b): Monetäre Markenbewertung nach dem Interbrand-Ansatz, in: Schimansky, A. (Hrsg.): Der Wert der Marke, München: Vahlen, S. 430–459.
Sullivan, M. W. (1998): How Brand Names Affect the Demand for Twin Automobiles, in: Journal of Marketing Research, Vol. 35, S. 154–165.
Swait, J./Erdem, T./Louviere, J./Dubelaar, C. (1993): The Equalization Price: A Measure of Consumer-Perceived Brand Equity, in: International Journal of Research in Marketing, Vol. 10, S. 23–45.
Trevillon, K./Perrier, R. (1999): Brand Valuation - A Practical Guide, in: Accountants' Digest (Hrsg.), Issue 405, London.
Völckner, F. (2003): Neuprodukterfolg bei kurzlebigen Konsumgütern: Eine empirische Analyse der Erfolgsfaktoren von Markentransfers, Wiesbaden: Dt. Univ.-Verlag.
Weber, M. (1986): Der Marktwert von Produkteigenschaften, Berlin: Duncker & Humblot.

Zusammenfassung

Kaum ein anderer Bereich der Betriebswirtschaft hat ein so hohes Interesse auf sich gezogen wie das Thema Markenwert. Seit dem Überblick von Sattler (1995) in dieser Zeitschrift sind mehr als 100 Ansätze zur Messung des Markenwerts von Forschern und Praktikern vorgeschlagen worden. Dieser Beitrag gibt einen Überblick über den State-of-the-Art der Markenbewertung und zeigt Richtungen für die zukünftige Forschung auf. Ebenso werden die grundlegenden Elemente einer Markenwertmessung im Detail vorgestellt. Dies geschieht insbesondere im Hinblick auf die Bestimmung der Zwecke der Markenbewertung, die Definition der notwendigen Bedingungen einer Markenbewertung sowie die Bestimmung der zentralen Komponenten des Markenwerts.

Summary

Hardly any other area of business administration has received such a high attention as the subject of brand equity. Since Sattler's overview on brand evaluation (1995) in this journal more than one hundred approaches to measure brand equity have been proposed by academics and practitioners. This article gives an overview of the state of the art in brand evaluation and suggests directions for future research. Additionally the basic elements of how to measure brand equity are presented in particular with regard to determining the purposes of brand evaluations, defining the requirements on brand evaluation and the determination of central components of brand equity.

JEL: M31, M37

Grundlagen für das Studium

Durchführung und Interpretation von Marktforschungsuntersuchungen

Alfred Kuß
Marktforschung
Grundlagen der Datenerhebung und Datenanalyse
2004. X, 232 S.
Br. EUR 29,90
ISBN 3-409-12647-3

Grundlagen fürs Grundstudium

Alfred Kuß
Marketing-Einführung
Grundlagen – Überblick – Beispiele
2., akt. Aufl. 2003. XII, 307 S.
Br. EUR 24,90
ISBN 3-409-21791-6

Das Lehrbuch zur Marketingplanung

Alfred Kuß / Torsten Tomczak
Marketingplanung
Einführung in die marktorientierte
Unternehmens- und Geschäftsfeldplanung
4., überarb. Aufl. 2004. XII, 315 S.
Br. EUR 29,90
ISBN 3-409-43683-9

Änderungen vorbehalten. Erhältlich im Buchhandel oder beim Verlag. Abraham-Lincoln-Str. 46, 65189 Wiesbaden, Tel.: 06 11.78 78-626 www.gabler.de

GABLER

Akquisitionsmanagement im industriellen Projektgeschäft

Von Sönke Albers und Florian Söhnchen

Überblick

- Innerhalb des Customer Relationship Management liegt der Schwerpunkt auf dem Bindungsmanagement, während das Akquisitionsmanagement wenig Aufmerksamkeit erfahren hat.

- Betrachtet man das industrielle Projektgeschäft, das durch wenige Interessenten und vorwiegend einmalige Transaktionen gekennzeichnet ist, so spielen dort der Akquisitionsaufwand und die Anzahl der Akquisitionsversuche eine Rolle.

- Anhand einer Anwendung, bei der die Wahrscheinlichkeitsfunktion der Akquisition von Aufträgen in Abhängigkeit von den Akquisitionsaufwendungen empirisch geschätzt worden ist, wird der optimale Akquisitionsaufwand hergeleitet.

- Akquisitionen erstrecken sich über mehrere Phasen. Mit Hilfe von Markov-Ketten wird gezeigt, wie man bestimmen kann, für welche Projekte die Akquisitionsbemühungen in der jeweils nächsten Phase fortgesetzt werden sollen.

- Das sich in der Pipeline befindende zukünftige Projektgeschäft sollte sich gemäß einem Funnel (Verkaufstrichter) gestalten. Dazu ist das Controlling-Instrument des Sales Funnel Management entwickelt worden.

Eingegangen: 25. Januar 2005

Prof. Dr. Dr. h.c. Sönke Albers, Lehrstuhl für Innovation, Neue Medien und Marketing, Christian-Albrechts-Universität zu Kiel, Westring 425, 24098 Kiel. Telefon: (0431) 880 1541. E-Mail: albers@bwl.uni-kiel.de, URL: www.bwl.uni-kiel.de/Innovation-Marketing.
Dipl.-Kfm. Florian Söhnchen, Lehrstuhl für Innovation, Neue Medien und Marketing, Christian-Albrechts-Universität zu Kiel, Westring 425, 24098 Kiel. Telefon: (0431) 880 1541. E-Mail: soehnchen@bwl.uni-kiel.de, URL: www.bwl.uni-kiel.de/Innovation-Marketing.

© Gabler-Verlag 2005

A. Einleitung

Spätestens durch das Customer Relationship Management ist der Kundenperspektive innerhalb des Marketings zum Durchbruch verholfen worden (Reinartz, Krafft und Hoyer 2004). Dabei werden die Beziehungen zu Kunden als Vermögensgegenstände eines Unternehmens betrachtet (Krafft 2002, S. 33 ff.). Es gibt Autoren, die diesen auch als Customer Equity bezeichneten Wert zur Berechnung des Unternehmenswertes von Online-Händlern wie Amazon heranziehen (Gupta, Lehmann und Stuart 2004). Allerdings wird bei diesen Betrachtungen fast ausschließlich die Kundenbindung analysiert, da diese über den Customer Lifetime Value (Jain und Singh 2002) entscheidet und sich die Allokation des Aufwandes für die Bindung der Kunden daher an diesem ausrichten sollte (Krafft und Albers 2000; Venkatesan und Kumar 2004). Jedoch besteht der Prozess des Customer Relationship Management aus mehr als nur dem Kundenbindungsmanagement, nämlich aus allen Phasen von der Kundenakquisition über die Kundenbetreuung zur Sicherstellung von Wiederkäufen und Up- und Cross-Selling bis hin zur Terminierung unprofitabler Beziehungen (Dwyer, Schurr und Oh 1987 S. 15 ff.; Eichenberger und Oggenfuss 2002, S. 544 ff.; Reinartz, Krafft und Hoyer 2004, S. 296 ff.). Insbesondere hinsichtlich des industriellen Projektgeschäfts wird in der Literatur die erste Phase, das Problem der Kundenakquisition, eher seltener behandelt. Die wenigen Aufsätze reichen von der Anfragenselektion (Backhaus 2003, S. 493 ff.) über den optimalen Angebotsaufwand (Albers und Krafft 2000) bis hin zum optimalen Verhältnis zwischen Akquisitions- und Bindungsaufwendungen (Reinartz, Thomas und Kumar 2005). Allerdings stellen diese Beiträge nur vereinzelte Versuche dar, mehr wissenschaftliche Erkenntnisse über das Akquisitionsmanagement zu gewinnen. Dass sich daraus noch kein zusammenhängendes Bild ergibt, hängt mit der Heterogenität von Situationen zusammen, in denen Kundenakquisition in der Literatur behandelt worden ist.

Etwas systematischer kann man bei der Akquisition von Kunden unterscheiden, ob man Kunden für den einmaligen Verkauf eines Projektes bzw. Produktes sucht oder immer wieder an ihn verkaufen möchte. Im ersteren Fall befindet man sich meist im industriellen Projektgeschäft, bei dem es z.B. darum geht, maschinelle Anlagen zu verkaufen. Dies beinhaltet in aller Regel eine Einpassung der Anlage in den jeweiligen Produktionsprozess des Kunden. Hier wird daher eine auf den Interessenten zugeschnittene Ingenieurslösung erarbeitet, die dann in ein detailliertes Angebot eingebunden werden muss. In ähnlicher Weise verkaufen große Unternehmensberatungen ihre Beratungsleistungen in Form von umfassenden Beratungsprojekten. Im Endkundengeschäft gibt es einmalige Verkäufe beim Direktvertrieb von Software oder Lebensversicherungsverträgen. Einer wesentlich anders gearteten Herausforderung stellen sich Unternehmen, wenn sie Kunden akquirieren wollen, die in Zukunft wiederkehrend mit dem Unternehmen Umsatz machen sollen. Dies betrifft Unternehmen, die z.B. Bürogeräte direkt vertreiben, Paketversender wie UPS, aber auch große Handelshäuser wie Dell oder Würth. Im Projektgeschäft werden häufig Verkaufsaußendienste eingesetzt, die Kundenbesuche nur projektorientiert durchführen, während bei einem kontinuierlichen Vertrieb der Außendienst auch kontinuierlich seine Kunden besucht. In einer zweiten Dimension kann man Akquisitionssituationen danach unterscheiden, ob es sich um wenige Kunden bzw. Interessenten handelt oder ob man viele Tausend oder gar Millionen von Kunden zu managen hat. Ersteres ist typischer Weise im

Tab. A-1. Unterschiedliche Situationen für das Akquisitionsmanagement

	Wenige Kunden	Sehr viele Kunden
Einmalige Verkaufstransaktion pro Kunde	Industrielles Projektgeschäft	z.B. Direktvertrieb von Software oder von Lebensversicherungen
Wiederkehrende Verkaufstransaktionen pro Kunde	Industrieller Vertrieb	Verkauf von Abonnements ("Lost for good" customers)
		Online- und Versandhändler ("Always a share" customers)

Quelle: Eigene Darstellung.

industriellen Vertrieb gegeben, während letzteres beim Vertrieb an Endkunden vorkommt, wie z.B. beim Verkauf von Abonnements (Pay-TV, Mobilfunkverträge, Zeitschriften) oder bei Online- oder Versand-Händlern wie Amazon oder Otto. Im industriellen Vertrieb wird der vergleichsweise teure Verkaufsaußendienst eingesetzt, während bei vielen Endkunden Distributionskanäle wie z.B. Call-Center und Internet verwendet werden. Demnach lassen sich die in Tabelle A-1 typisierten Situationen unterschiedlicher Vorgehensweisen beim Akquisitionsmanagement unterscheiden.

Je nach Situation stellen sich unterschiedliche Probleme bei der Akquisition. Während man beim Verkauf an wenige Kunden individualisierte Angebote unterbreiten und auf spezielle Bedürfnisse und Anforderungen des Kunden eingehen kann (Albers 1989, S. 21), erfordert der Verkauf an viele oder sehr viele Kunden sowohl ein bestimmtes Maß an Standardisierung hinsichtlich der Produkte als auch in Bezug auf den Akquisitionsprozess. Ähnliches gilt auch für die verwendeten Kommunikationskanäle, die von Massenmedien bis hin zu einem individuell agierenden Verkaufsaußendienst reichen und der spezifischen Situation entsprechend ausgewählt werden müssen. Ist der Verkauf zunächst einmal einmaliger Natur, so können die Akquisitionsaufwendungen ausschließlich auf das betrachtete Projekt bezogen werden, während bei häufig wiederkehrenden Transaktionen die gesamte Lebensdauer einer Kundenbeziehung bei der Akquisition zu berücksichtigen ist (customer lifetime value). Natürlich gibt es auch die Fälle, wo einem Verkauf einer Anlage noch Erlöse aus Reparatur- und Instandhaltungsleistungen sowie aus Lieferungen von Ersatzteilen folgen. Generell ist deshalb immer auf geeignet diskontierte Ströme von Deckungsbeiträgen abzuzielen. In allen vier Fällen (siehe Tab. A-1) sind die Akquisitionsbemühungen immer nur mit einer gewissen, ex ante unbekannten Wahrscheinlichkeit von Erfolg gekrönt. Deshalb haben Albers und Krafft (2002) untersucht, welcher Akquisitionsaufwand, d.h. vor allem Zeit des Verkaufsaußendienstes, unter Berücksichtigung entsprechender Wahrscheinlichkeiten und Projektvolumina optimal ist. Sobald jedoch die Zahl der Interessenten in eine Größenordnung von vielen Tausenden steigt, ist eine Beschäftigung des Verkaufsaußendienstes mit allen Interessenten nicht denkbar. Dann ist ein Prozess der Qualifizierung von Interessenten über kostengünstige Kommunikationskanäle wie Call-Center oder über das Internet nötig, bevor aufwändigere Kanäle herangezogen werden (vgl. Jost 2002, S. 94 f.). Deutlich anders stellt sich das Problem bei Wiederholungskäufen dar. Dort ist bei der Akquisition zusätzlich abzuschätzen, ob man Kunden akquiriert, die später besonders profitabel sind (Reinartz und Kumar 2003), und wie stark der Aufwand für Akquisition relativ zu Kundenbindung (Retention) sein sollte (Reinartz, Thomas und Kumar 2005). Als Erfolgsgröße wird dann in aller Regel der Customer Lifetime Value herangezogen.

Wir wollen uns im Folgenden ausschließlich mit den Situationen des industriellen Projektgeschäfts gemäß Tabelle A-1 beschäftigen. Dort ist die Situation dadurch gekennzeichnet, dass immer weiter sinkende Erfolgswahrscheinlichkeiten neuer Projekte (je nach Quelle zwischen 5% und 40%) und gleichzeitig immer stärker ansteigende Kosten für die Angebotserstellung (bis zu 5% des Auftragswertes) eine große Herausforderung an ein profitables Akquisitionsmanagement stellen. Bei 20% Erfolgswahrscheinlichkeit und einem Deckungsbeitragssatz von 25% bedeutet dies, dass die Akquisitionsaufwendungen genau so hoch liegen wie der Deckungsbeitrag aus einem erfolgreichen Projekt. Eine hohe Profitabilität kann deshalb nur erreicht werden, wenn die Akquisitionsaufwendungen für jede Anfrage bzw. für jeden Interessenten optimal bestimmt werden. Dazu wollen wir in Abschnitt B darstellen, wie dieses in Anlehnung an Albers und Krafft (2000) mit Hilfe empirisch bestimmter Wahrscheinlichkeitsfunktionen und einem Optimierungskalkül erreicht werden kann. Da der Akquisitionsprozess in Phasen abläuft, kann man nach jeder Phase erneut entscheiden, ob eine Auftragsgewinnung wahrscheinlich ist oder die Akquisition abgebrochen werden sollte, weil weitere Bemühungen unprofitabel sind. Für derartige Entscheidungen unter Unsicherheit bieten sich verschiedene Instrumente an, etwa Realoptionen oder das Konzept der Markov-Ketten. Letzteres wird in Abschnitt C ausführlich vorgestellt und anhand eines konstruierten Beispiels plausibel veranschaulicht. Schließlich sollte man jede Umsetzung der Planung des Akquisitionsprozesses kontrollieren und steuern. Dazu wird in Abschnitt D das Funnel Management als ein noch weitgehend unbekanntes Controlling-Instrument vorgestellt.

B. Optimaler Akquisitionsaufwand

Albers und Krafft (2000) zeigen, dass die Akquisition von Aufträgen ebenso von ökonomischen Gesichtspunkten geleitet sein sollte wie andere Marketing-Aktivitäten. Im Einzelnen postulieren sie, dass die Wahrscheinlichkeit, einen Auftrag zu erhalten, unter anderem von dem Aufwand abhängt, mit dem das Angebot ausgearbeitet und gegenüber dem Interessenten kommuniziert worden ist. Dabei wird eine konkave Reaktionsfunktion unterstellt (Abbildung B-1).

Albers und Krafft (2000) gehen von einem mehrstufigen Prozess aus und trennen die Gewinnung von Anfragen von dem Prozess der Auftragsgewinnung. Deshalb unterstellen sie unterschiedliche Wahrscheinlichkeitsfunktionen und leiten sequenziell optimale Akquisitionsbudgets für Anfragengewinnung und Auftragsgewinnung her. So sehr dies hilft, den Prozess besser zu verstehen, so schwierig ist die Umsetzung dieser Separation in der Praxis. Häufig werden dort keine Daten für beide Stufen getrennt aufgezeichnet.

Bei einem Anwendungsfall in einem deutschen Maschinenbauunternehmen gelang es nur, die Abhängigkeit zwischen Auftragsgewinnungswahrscheinlichkeit und Akquisi-

Akquisitionsmanagement im industriellen Projektgeschäft

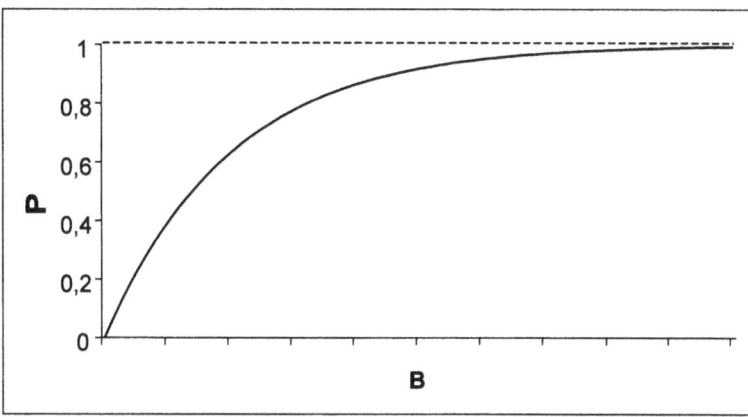

Quelle: Analog zu Albers und Krafft (2000), S. 1091

Abb. B-1. Modellierter Zusammenhang von Akquisitionskosten (B) und Auftragsgewinnungs-Wahrscheinlichkeit (P)

tionsaufwand in DM statistisch zu schätzen. Im Prinzip wurden beide Wahrscheinlichkeitsfunktionen aus Albers und Krafft (2000) zu einer Gesamtfunktion aggregiert. Anders als dort soll hier die Wahrscheinlichkeit nicht zusätzlich von einer Präferenz für den Hersteller abhängen. Vielmehr hat sich gezeigt, dass der Koeffizient, der die Wirksamkeit der Akquisitionsaufwendungen angibt, seinerseits von weiteren externen Faktoren abhängen sollte. Dadurch hängt die Auftragsgewinnungswahrscheinlichkeit neben den Akquisitionskosten von vielen anderen Faktoren ab. In dem bereits erwähnten Anwendungsfall hing die Wirksamkeit von der strategischen Geschäftseinheit und dem Standort des Interessenten ab. Dem Unternehmen war bewusst, dass es in unterschiedlichen Geschäftsbereichen unterschiedlich leicht akquirieren konnte, was sich vor allem mit der Überlegenheit seiner Produkte gegenüber denen der Wettbewerber erklären ließ. In analoger Weise hatte das Unternehmen festgestellt, dass es zwar Angebote für Anfragen aus aller Welt ausarbeitete, aber bei der Auftragserteilung bei deutschen Interessenten wesentlich erfolgreicher war als bei Interessenten aus Europa und der restlichen Welt. Die Wahrscheinlichkeitsreaktionsfunktion wurde deshalb folgendermaßen angenommen:

(1) $\quad P = 1 - e^{-b_i \frac{x_i}{A_i}}$

(2) $\quad b_i = b_0 + b_1 \cdot SBU_{1i} + b_2 \cdot SBU_{2i} + b_3 \cdot SBU_{3i} + c_1 \cdot L_{1i} + c_2 \cdot L_{2i}$

wobei:
x_i : Investiertes Akquisitionsbudget für das i-te Angebot,
A_i: Erwartetes Umsatzvolumen des i-ten Angebots,
$SBU_{j,i}$: Strategische Geschäftseinheit des Produktes für das i-te Angebot (operationalisiert als Dummy-Variable für die jeweiligen j-ten SBUs),
$L_{j,i}$: Standort des Interessenten des i-ten Angebots (operationalisiert als Dummy-Variable für den jeweiligen Standort j=1 Deutschland, j=2 Europa, j=3 Restliche Welt).

In Formel (2) wurde immer eine der Dummy-Variablen pro Gruppe (SBU bzw. Standort des Interessenten) weggelassen, da sonst z.B. die Dummy-Variable L_{3i} für j=3 (Restliche Welt) eine Linearkombination von L_{1i} und L_{2i} wäre.

Um den optimalen Angebotsaufwand errechnen zu können, müssen die Parameterwerte b_0, b_1, b_2, b_3, c_1 und c_2 ermittelt werden. Da man als abhängige Variable die Beobachtung besitzt, ob man zu einem Angebot den Auftrag erhalten hatte oder nicht (0/1), kann man die Parameterwerte analog zu einer logistischen Regression mit Hilfe folgender Maximum-Likelihood-Funktion statistisch schätzen:

$$(3) \quad PL = \sum_{i \in I} (1 - e^{-b_i \frac{x_i}{A_i}})^{I_i} \cdot (e^{-b_i \frac{x_i}{A_i}})^{(1-I_i)} \to \max!$$

wobei I_i eine Dummy-Variable darstellt, die den Wert $I_i=1$ besitzt, wenn der Auftrag gewonnen wurde, und den Wert $I_i=0$ annimmt, wenn der Auftrag nicht gewonnen werden konnte.

Als Beobachtungen lagen 81 Projekte vor, zu denen Angebote ausgearbeitet worden sind. Bei 30 Angeboten konnte der Auftrag gewonnen werden, was einer Erfolgswahrscheinlichkeit von 37% entspricht. Die Projekte hatten einen Auftragswert von insgesamt 167,5 Millionen Euro. Für alle Projekte wurden insgesamt 476.000 Euro als Akquisitionsaufwand investiert, was einem relativ geringen mittleren Anteil von 0,284% vom Umsatz entspricht. Die Schätzung dieser nichtlinearen Funktion erfolgte mit Hilfe des Solver in Excel und erbrachte folgende Schätzwerte:

Die Maximum-Likelihood-Schätzung erbrachte brauchbare Schätzer, die auf dem 10%-Niveau signifikant waren. Gemäß Hansen (1987) sind Koeffizienten für Planungs- und Prognosezwecke geeignet, wenn sie einen t-Wert größer als 1 besitzen. Dann ist der In-

Tab. B-1. Einflussfaktor auf Wirksamkeitskoeffizient für Akquisitionsbudget

Einflussfaktor	Koeffizient
Konstante	9,124
SBU 1	2,825
SBU 2	-15,140
SBU 3	-31,593
Deutschland	162,990
Europa	30,536
Maximum-Likelihood	-43,220
Mittlere Wahrscheinlichkeit für Auftrag oder nicht	0,5864
Korrekt prognostizierte Auftragsgewinnung	60 von 81 Fällen = 74%

formationswert höher als das „Rauschen". Da ein t-Wert von 1 in etwa einer Irrtumswahrscheinlichkeit von 16% entspricht, sind die Parameterwerte für Planungszwecke geeignet. Immerhin kann man mit den Parameterwerten die Auftragsgewinnung in 74% der Fälle korrekt prognostizieren. Die Ergebnisse zeigen, dass die Auftragsgewinnungswahrscheinlichkeit in SBU_1 höher ist als in SBU_2 und dort wiederum höher als in SBU_3, während die SBU_4 als Referenzgruppe diente. In ähnlicher Weise ist die Auftragsgewinnungswahrscheinlichkeit in Deutschland deutlich höher als in Europa und letztere wiederum höher als in der restlichen Welt, die hier als Referenzgruppe diente.

Auf dieser Basis kann nun bestimmt werden, wie hoch das optimale Akquisitionsbudget sein sollte. Dazu bildet man die Funktion des Deckungsbeitrages aus Sicht des Unternehmens, differenziert diese nach dem Budget und löst dann nach dem Budget als Anteil am Auftragswert auf:

(4) $\quad \pi = (1 - e^{-b\frac{x}{A}}) \cdot A \cdot g - x \to \max!$

Diese Funktion wird differenziert und gleich Null gesetzt:

(5) $\quad \dfrac{d\pi}{dx} = (e^{-b\frac{x}{A}}) \cdot A \cdot g \cdot (\dfrac{b}{A}) - 1 \overset{!}{=} 0$

Nach einigen Umformungen ergibt sich:

(6) $\quad \dfrac{x}{A} = \dfrac{\ln(g \cdot b)}{b}$

Im Optimum ergibt sich der Akquisitionsaufwand als Anteil am potenziellen Auftragswert aus dem Quotienten des Logarithmus des Deckungsbeitragssatzes g multipliziert mit dem Koeffizienten b geteilt durch eben diesen Koeffizienten (Gleichung 6). Dies entspricht der mittleren Wahrscheinlichkeit multipliziert mit der Elastizität.

Mit Hilfe von Gleichung (6) und auf der Basis der empirisch bestimmten Auftragsgewinnungswahrscheinlichkeitsfunktion (1) und (2) sind die optimalen Akquisitions-Budgets pro Angebot berechnet worden. Diese hätten nicht im Mittel 0,284%, wie beobachtet, sondern gemäß (6) im Mittel etwa 3,8% betragen sollen. Innerhalb dieses Modells hätte der Deckungsbeitrag um das 8-fache gesteigert werden können. Selbst wenn man den gleichen Betrag wie bisher in die Akquisition investiert hätte, wäre noch eine Steigerung des Deckungsbeitrages von etwa 77% möglich gewesen. Dies ist darauf zurückzuführen, dass die Akquisitionsbudgets besser an die individuellen Auftragsgewinnungswahrscheinlichkeiten und den Auftragswert angepasst werden. Mit dieser Vorgehensweise können Unternehmen ihren Akquisitionsaufwand optimieren, wenn sie vorher alle Daten zu Angeboten und den verbrauchten Budgets gespeichert haben. Es zeigt sich auch hier, dass Unternehmen gut beraten sind, solche Daten nicht kontinuierlich zu überschreiben, sondern zu speichern, um aus den Informationen über das Verhalten der Interessenten zu lernen.

C. Der Akquisitionsprozess nach Phasen

Der Prozess der Kundenakquisition stellt eine Sequenz von Stufen oder Phasen dar, die von einem Verkaufsaußendienstmitarbeiter bzw. von der Vertriebsorganisation eines Unternehmens durchlaufen werden müssen, um ein Projekt mit einem Interessenten zum Abschluss zu bringen. Dieser Prozess ist mittlerweile theoretisch weit reichend ausgearbeitet und dokumentiert (Dwyer, Hill und Martin 2000; Johnston und Marshall 2003; Kotler und Bliemel 1999). Dabei werden in vielen Ansätzen der gängigen Marketing Literatur immer wieder Phasen beschrieben, wie sie beispielhaft in Tabelle C-1 dargestellt sind. Dabei variieren allerdings je nach Quelle sowohl die Anzahl der Phasen (5-9) als auch deren inhaltliche Benennung deutlich.

Hat man den optimalen Akquisitionsaufwand gemäß Kapitel B bestimmt, muss der dahinter stehende Akquisitionsprozess ausgestaltet werden. Da der Prozess in Phasen abläuft, verbessert sich der Informationsstand über die Phasen kontinuierlich. Nach jeder Phase stellt sich für einen Verkaufsaußendienstmitarbeiter die Frage, ob die Chancen der Auftragsgewinnung hoch genug sind, um weiteren Akquisitionsaufwand zu betreiben. Gleichzeitig stehen die Projekte in unterschiedlichen Phasen in Konkurrenz bezüglich der Ressourcen zueinander. Wir haben es mit so genannten „Stop&Go"-Entscheidungen zu tun, nämlich für welche Projekte der Akquisitionsprozess fortgesetzt werden sollte. Derartige Entscheidungsprobleme können grundsätzlich mit Hilfe verschiedener Instrumenten gelöst werden. Geeignet erscheinen beispielsweise Markov-Ketten und Realoptionen. Realoptionen entsprechen im Prinzip den bekannteren Finanzoptionen (Call- oder Put-Optionen). Sie beinhalten die Möglichkeit, nicht aber die Verpflichtung, eine Opportunität nach dem Erhalt zusätzlicher Informationen anzunehmen. Dabei eignen sie sich insbesondere für Anwendungen in dynamischen und unsicheren Umwelten (Adams 2004). Ein Beispiel für eine Realoption könnte ein Pilotprojekt zu einem größeren Investment sein. Bei positivem Ausgang des Pilotprojektes, dessen Kosten dem Preis der Optionen

Tab. C-1. Phasen des Akquisitionsprozesses

	Phase	Inhalte
1	Qualifizierungs-Phase	Identifikation potenzieller Interessenten
2	Pre-Approach Phase	Informationssammlung und -aufbereitung
3	Evaluierungsphase	Bewertung der Interessenten
4	Produkt-Präsentation	Produkt vorstellen, Kundenbedürfnis generieren
5	Nachverhandlungen/ Überwindung von Widerständen	Eingehen auf Einwände, Aufzeigen von Problemlösungen
6	Vertragsabschluss	Interessenten effektiv und angemessen zum Abschluss bewegen

Quelle: In Anlehnung an Dwyer, Hill und Martin (2000), S. 153; Johnston und Marshall (2003), S. 50 ff. sowie Kotler und Bliemel (1999), S. 1088 ff..

entsprechen, würde der Erwartungswert des Hauptprojektes entsprechend positiv beeinflusst und die mit diesem verbundene Unsicherheit reduziert. Diese neuen Informationen werden herangezogen, um die Entscheidung über das Hauptprojekt zu fällen. Im Gegensatz zu Finanzoptionen, deren Preis den Marktwert der erreichbaren Unsicherheitsreduktion widerspiegelt, muss bei Realoptionen nicht zwingend eine Korrelation zwischen den Kosten für eine Option und deren tatsächlichem Wert gegeben sein (Fichman, Keil und Tiwana 2005, S. 76f.).

Für das Projektmanagement ist eine derartige Zerlegung eines gesamten Projektes in einzelne aufeinander folgende optionale Phasen möglich. Dies bringt aber nur dann einen zusätzlichen ökonomischen Wert, wenn jeder einzelne optionale Baustein des gesamten Projektes isoliert durchführbar ist, ohne dass weitere Bausteine zwingend implementiert werden müssen, und wenn jeder einzelne Schritt des Projektes einen positiven und bestimmbaren Wert schafft, der in der Summe über alle Phasen den Wert des gesamten Großprojektes übersteigt. Die sukzessive Unsicherheitsreduktion und die Möglichkeit zu Stop&Go-Entscheidungen zu jedem Zeitpunkt begründen in einem solchen Fall den ökonomischen Vorteil des Denkens in Optionen (Fichman, Keil und Tiwana 2005, S. 81.).

Für den Akquisitionsprozess im industriellen Großprojektgeschäft scheint es allerdings weniger sinnvoll, das Konzept der Realoptionen zu verwenden, da zwar die Zerlegung des Prozesses in organisationale und prozessuale Phasen möglich ist (vgl. Tabelle C-1), die singuläre Durchführung einzelner isolierter Phasen (beispielsweise die Identifikation neuer potentieller Interessenten) aber keinen weiteren Nutzen stiftet, der in der Addition über die Phasen über den Nutzen des gesamten Akquisitionsprozesses hinausgehen würde. Insofern, und da der im Folgenden dargestellte Prozess des Funnel Managements von seiner Ablaufstruktur her einem Markov-Prozess entspricht, wird für unsere Problemstellung das leicht implementierbare Konzept der Markov-Ketten herangezogen (vgl. Layton 1968; Shuchman 1965; Thompson und Mc Neal 1967). Dieses Konzept ist bereits sehr lange in der wirtschaftswissenschaftlichen Literatur bekannt, hat aber bisher nur wenig praktische Verwendung im Akquisitionsmanagement gefunden.

Shuchman (1965) beschreibt, wie unter Verwendung von Markov-Ketten eine optimale Besuchspolitik für neue Interessenten durch den Verkaufsaußendienst abgeleitet werden kann. Unter anderem kann er die optimale Anzahl von Besuchen determinieren, die einzelnen Interessenten zuteil werden sollte. Gleichfalls sind Prognosen möglich, wie viele der ursprünglichen Interessenten bei einer bestimmten Besuchsanzahl final zu einem positiven Verkaufsabschluss bewegt werden können. Zusätzlich liefert Shuchman dem Verkaufsmanagement eine Möglichkeit, negative Abweichungen in der Leistung einzelner Außendienstmitarbeiter zu identifizieren, indem er Standardabweichungen für die erfolgreichen Abschlüsse angibt.

Einen etwas anderen Ansatz wählen Thompson und McNeal (1967), die mit Hilfe des Konzeptes der Markov-Ketten eine Entscheidung über die Weiterführung der Akquisition von Projekten ableiten. Grundlage für diese Entscheidung ist in jeder einzelnen Phase die bisher erhaltene Information über die gezeigte Kaufneigung. Dabei wird davon ausgegangen, dass der Verkaufsaußendienstmitarbeiter in jeder Phase weitere Information sammelt, bis er mit hinlänglicher Wahrscheinlichkeit davon ausgehen kann, dass der Interessent final kaufen oder nicht kaufen wird. Zeichnet ein Unternehmen oder ein einzelner Verkaufsaußendienstmitarbeiter auf, wie häufig der Fall vorkommt, dass man nach

Durchlaufen einer weiteren Akquisitionsphase den Interessenten z.B. mit einer vorher geringen Kaufneigung nun als einen mit mittlerer Kaufneigung einstufen kann, dann stehen so genannte Übergangswahrscheinlichkeiten zur Verfügung, auf denen Markov-Ketten aufbauen. Diese spielen ein System mit bestimmten Übergangswahrscheinlichkeiten so lange durch, bis alle Interessenten in absorbierenden Zuständen gelandet sind, d.h. entweder kaufen oder definitiv nicht kaufen (siehe Tabelle C-2). Da die Kapazität des Außendienstes stark beschränkt ist und dessen Effizienz bei stärkerer Konzentration auf die attraktiven Projekte zunimmt, erfordert jede einzelne Phase des Akquisitionsprozesses final eine Entscheidung, ob ein jeweiliger Interessent auch weiterhin betreut werden soll. Um Fehlentscheidungen und monetäre Verluste zu minimieren, sind derartige Entscheidungen systematisch und nicht ad hoc zu treffen. Im Folgenden wird das Konzept der Markov-Ketten an einem einstufigen Selektionsprozess dargestellt. Im Akquisitionsmanagement muss ein solcher Prozess analog für jeden Übergang zwischen zwei aufeinander folgenden Phasen durchlaufen werden.

Eine Markov-Kette ist ein stochastischer Prozess, bestehend aus einer Folge einfacher Markov-Prozesse. Ein solcher Markov-Prozess wiederum impliziert, dass nur der letzte Vergangenheitszustand von Relevanz ist, um eine Vorhersage für die Zukunft zu treffen. Anders ausgedrückt hängt die Übergangswahrscheinlichkeit von einem Zustand zu einem anderen Zustand ausschließlich von dem zuletzt beobachteten Zustand ab. Somit handelt es sich um ein Modell mit einem ein-periodigen Gedächtnis. Der im Folgenden beschriebene Prozess kann als endliche, absorbierende Markov-Kette klassifiziert werden. Das bedeutet in diesem Kontext, dass wenigstens ein absorbierender Zustand existiert, der, ist er einmal erreicht, nicht mehr verlassen werden kann (Kauf oder Nichtkauf bzw. Erfolg oder Misserfolg). Eine derartige Kette wird als endlich bezeichnet, wenn zumindest ein absorbierender Zustand von jedem anderen Zustand aus in einer finiten Anzahl von Iterationen erreicht werden kann. (Shuchman 1965, S. 48; Thompson und Mc Neal 1967, S. 62 f.)

In dem hier beispielhaft gegebenen Fall existieren zwei absorbierende Zustände S_1 und S_2, wobei der Erste den erfolgreichen Vertragsabschluss und der Letztere das endgültige Scheitern der Bemühungen des Außendienstes beschreibt. Dazu existieren n-2 vorübergehende (transiente) Zustände S_3 bis S_6. Diese Zustände sind in eine logische Rangfolge gebracht und beschreiben einen neuen Interessenten, für den keine Erfahrungswerte vorliegen (S_3), einen wenig interessierten Interessenten (S_4), einen mittelstark interessierten Interessenten (S_5) beziehungsweise einen sehr interessierten Interessenten (S_6).

Tab. C-2. Beschreibung der relevanten Zustände

Zustand	Zustandsart	Beschreibung
S_1	Absorbierend	Verkauf erfolgreich
S_2	Absorbierend	Verkauf gescheitert
S_3	Transient	Neuer Interessent - keine Informationen vorhanden
S_4	Transient	geringe Kaufneigung bei letztem Kontakt
S_5	Transient	mittlere Kaufneigung bei letztem Kontakt
S_6	Transient	hohe Kaufneigung bei letztem Kontakt

Quelle: In Anlehnung an Thompson und McNeal (1967), S. 63.

Die jeweiligen Interessenten werden in dem obigen Beispiel von dem entsprechenden Außendienstmitarbeiter nach subjektiver Einschätzung in diskrete Zustände eingeordnet (vgl. Tabelle C-2). Grundlage hierzu sind verbale Äußerungen und nicht-verbale Beobachtungen. Wie oben beschrieben sind jeweils nur die Informationen des letzten Kontaktes für eine Einordnung relevant und finden Berücksichtigung.

Als nächstes wird ausgehend von Erfahrungswerten berechnet, mit welcher Wahrscheinlichkeit ein Interessent von einem Zustand S_i in einen anderen Zustand S_j übergeht. Diese Übergangswahrscheinlichkeiten p_{ij} werden für alle möglichen Kombinationen ij benötigt, also von allen transienten Zuständen zu allen anderen transienten und den beiden absorbierenden Zuständen. Die resultierende Matrix wird als Übergangsmatrix P bezeichnet, die in diesem einfachen Beispiel die in (7) angegebenen und willkürlich gewählten Werte enthält (vgl. Thompson und Mc Neal 1967, S. 64):

$$(7) \quad P = \begin{array}{c} \\ S_1 \\ S_2 \\ S_3 \\ S_4 \\ S_5 \\ S_6 \end{array} \begin{pmatrix} S_1 & S_2 & S_3 & S_4 & S_5 & S_6 \\ 1{,}00 & 0{,}00 & 0{,}00 & 0{,}00 & 0{,}00 & 0{,}00 \\ 0{,}00 & 1{,}00 & 0{,}00 & 0{,}00 & 0{,}00 & 0{,}00 \\ 0{,}10 & 0{,}30 & 0{,}00 & 0{,}25 & 0{,}20 & 0{,}15 \\ 0{,}05 & 0{,}45 & 0{,}00 & 0{,}20 & 0{,}20 & 0{,}10 \\ 0{,}15 & 0{,}10 & 0{,}00 & 0{,}15 & 0{,}25 & 0{,}35 \\ 0{,}20 & 0{,}05 & 0{,}00 & 0{,}15 & 0{,}30 & 0{,}30 \end{pmatrix}$$

mit

$$(8) \quad p_{ij} = \frac{u_{ij}}{\sum_{k=1}^{m} u_{ik}}$$

Die p_{ij} berechnen sich als bedingte Wahrscheinlichkeiten über die Formel (8), wobei u_{ij} die Anzahl der erwarteten Zustandsübergange von i nach j bei m Zufallsexperimenten beschreibt. Da sich die Übergangsmatrix P aus vergangenen Erfahrungen heraus bildet, kann sie sich mit der Zeit verändern. Bei einer positiven Entwicklung der Fähigkeiten und Strategien des Außendienstmitarbeiters sollten ceteris paribus die Übergangswahrscheinlichkeiten zu Zustand S_1 steigen, während die Übergangswahrscheinlichkeiten zu Zustand S_2 über die Zeit sinken sollten. Der dunkelgrau unterlegte Bereich der Übergangsmatrix (7) sei nun mit Q bezeichnet, aus der sich die Matrix N der Übergangswahrscheinlichkeiten der transienten Zustände über die folgende Formel berechnen lässt:

$$(9) \quad N = (I - Q)^{-1}$$

Hierbei ist I die Einheitsmatrix. Die resultierende Matrix N kann so interpretiert werden, dass die einzelnen Elemente n_{ij} angeben, wie häufig ein Interessent in einem Übergangszustand S_j sein wird, bevor er final in einen der absorbierenden Zustände eintritt. Nach den angegebenen Zahlen ergibt sich etwa:

(10) $$N = (I-Q)^{-1} = \begin{bmatrix} 1 & 0,555 & 0,667 & 0,626 \\ 0 & 1,455 & 0,590 & 0,504 \\ 0 & 0,547 & 1,890 & 1,024 \\ 0 & 0,547 & 0,939 & 1,976 \end{bmatrix}$$

Multipliziert man diese Matrix N mit einem Einheitsvektor, so erhält man einen Vektor τ, dessen Elemente angeben, wie viele Besuche noch stattfinden müssen, bevor die Interessenten der einzelnen temporären Zustände in einen finalen Zustand übergehen:

(11) $$\tau = \begin{bmatrix} 1 & 0,555 & 0,667 & 0,626 \\ 0 & 1,455 & 0,590 & 0,504 \\ 0 & 0,547 & 1,890 & 1,024 \\ 0 & 0,547 & 0,939 & 1,976 \end{bmatrix} \cdot \begin{bmatrix} 1 \\ 1 \\ 1 \\ 1 \end{bmatrix} = \begin{bmatrix} 2.848 \\ 2.549 \\ 3.461 \\ 3.462 \end{bmatrix} \triangleq \begin{bmatrix} S_3 \\ S_4 \\ S_5 \\ S_6 \end{bmatrix}$$

Dieser resultierende Vektor τ aus (11) beschreibt, ausgehend von der aktuellen Situation, wie häufig der laufende Markov-Prozess in einem transienten Zustand endet. Dies ist identisch mit der Anzahl der Besuche, die getätigt werden müssen (einschließlich des letzten Besuches), um in einen absorbierenden Zustand zu gelangen. So müsste etwa ein Interessent, der dem Zustand S_3 (Neuer Interessent) zugeordnet ist, im Mittel noch 2,848 Mal besucht werden, bevor der Außendienstmitarbeiter weiß, ob der Interessent kauft oder definitiv nicht kauft.

Bis hierhin wurde zwischen den beiden absorbierenden Zuständen nicht unterschieden. Offensichtlich ist dies aber wichtig, da der eine dieser finalen Zustände einen Erfolg, der andere das Scheitern des Bemühens wiedergibt. Der hellgrau hinterlegte Teil der Übergangsmatrix P (7) sei fortan als Matrix R bezeichnet. Unter Anwendung der Formel (12)

(12) $B = N \cdot R$

ergibt sich eine neue Matrix B, deren Komponenten b_{ij} angeben, wie groß die Wahrscheinlichkeit ist, dass ein Prozess aus einem transienten Zustand S_i in einen bestimmten absorbierenden Zustand S_j übergeht. Für das Beispiel ergibt sich:

(13) $$B = \begin{bmatrix} 1 & 0,555 & 0,667 & 0,626 \\ 0 & 1,455 & 0,590 & 0,504 \\ 0 & 0,547 & 1,890 & 1,024 \\ 0 & 0,547 & 0,939 & 1,976 \end{bmatrix} \cdot \begin{bmatrix} 0,10 & 0,30 \\ 0,05 & 0,45 \\ 0,15 & 0,10 \\ 0,20 & 0,05 \end{bmatrix} = \begin{bmatrix} 0,352 & 0,648 \\ 0,261 & 0,739 \\ 0,515 & 0,458 \\ 0,562 & 0,438 \end{bmatrix} \quad \begin{matrix} S_1 & S_2 & \text{Rangfolge} \\ & & 3. \\ & & 4. \\ & & 2. \\ & & 1. \end{matrix}$$

Es lässt sich herauslesen, dass beispielsweise die Wahrscheinlichkeit, einen neuen Interessenten zu einem Kauf zu bewegen, bei 0,352 (S_1) liegt, während die Wahrscheinlichkeit für einen Nichtkauf bei 0,648 (S_2) liegt. Hierbei gilt jeweils

(14) $\sum_{j=1}^{r} b_{i,j} = 1$, für alle i

Wie oben dargestellt, kann nun anhand dieser Gleichung und der resultierenden Matrix B aus (13) eine Rangfolge der Übergangszustände gebildet werden. Diese ist so zu interpretieren, dass zunächst all diejenigen Projekte bzw. Interessenten bedient werden sollten, die eine hohe Kaufneigung aufweisen (S_6), anschließend diejenigen mit einer mittleren Kaufneigung (S_5). Hingegen sollten dann zunächst neue Interessenten bedient werden (S_3), da diese eine höhere Erfolgswahrscheinlichkeit aufweisen als solche Interessenten, die lediglich eine geringe Kaufneigung zeigen (S_4). Somit kann aus diesem Ergebnis direkt eine Verhaltensregel abgeleitet werden, nach der Interessenten oder Projekte des Zustandes S_4 direkt eliminiert und durch neue potenzielle Projekte ersetzt werden sollten, da somit die Erfolgsaussichten verbessert werden können. (Thompson und Mc Neal 1967, S. 63 ff.)

Eine Anwendung der Markov-Ketten wie oben beschrieben kann nun helfen, potenziell erfolgreiche Projekte bevorzugt zu betreuen und somit die Leistung eines Außendienstmitarbeiters nachhaltig zu steigern. Die Selektionsentscheidungen am Ende jeder Stufe des Akquisitionsprozesses können mit Hilfe dieses Konzeptes rational unterstützt werden (Shuchman 1965, S. 51). Auch Steffenhagen beurteilt den Markov-Ansatz als für eine quantitative Absicherung der Besuchspolitik bei der Kundenakquisition sehr viel versprechend (Steffenhagen 1974, S. 310).

Kritisch kann angemerkt werden, dass die Einordnung der Projekte bzw. der Interessenten in die Klassen der Übergangsmatrix subjektiv durch den jeweiligen Mitarbeiter erfolgt. Hierzu muss ein Mitarbeiter erst einmal bereit und in der Lage sein, eigenes Wissen über die von ihm betreuten Interessenten auch tatsächlich dem Unternehmen zur Verfügung zu stellen. Gleiches gilt auch für die Bereitschaft und die Fähigkeit der Mitarbeiter, Informationen über seine Erfahrungswerte bezüglich der Erfolgswahrscheinlichkeiten in den einzelnen Phasen des Prozesses preiszugeben. Immerhin besteht aus der Sicht des Außendienstmitarbeiters die Gefahr, sich selbst ersetzbar und austauschbar zu machen, wenn sein persönliches „Tacit Knowledge" dem Unternehmen frei verfügbar gemacht wird. Hinzu kommt, dass Fehlklassifizierungen bei der Einordnung in die relevanten Übergangszustände nicht ausgeschlossen werden können, auch wenn es bereits seit langer Zeit verbreitete und akzeptierte Ansätze gibt, solche Einordnungen zu optimieren (vgl. Thompson und Mc Neal 1967, S. 63). Insofern sollte eine Ergebnisinterpretation stets konservativ und mit der gebotenen Vorsicht geschehen.

Dennoch, trotz der sicher gewichtigen Schwierigkeiten, erweist es sich in empirischen Arbeiten häufig als vorteilhaft, vorhandene und erhebbare subjektive Urteile in ein Modell zu implementieren, anstatt sie aufgrund der angesprochenen Probleme zu vernachlässigen (vgl. Little und Lodish 1981).

D. Steuerung und Kontrolle des Akquisitionsprozesses mit Hilfe eines Sales Funnel Management

Da der Akquisitionsprozess in mehrere Phasen zerlegbar ist und Aussagen über die Auftragsgewinnung für einzelne Projekte bis zu deren Abschluss nur in Form von Wahrscheinlichkeiten angegeben werden können, braucht das Verkaufsmanagement ein Tool, mit dem es jederzeit überblicken kann, ob der Akquisitionsprozess zu den geplanten Umsätzen führt und in den einzelnen Phasen, aber auch pro Verkaufsaußendienstmitarbeiter genügend Opportunitäten bietet. Die Ergebnisse sollen gleichzeitig Hinweise auf Verbesserungsmöglichkeiten für das Akquisitionsmanagement liefern. Hierfür ist das Konzept des so genannten Sales Funnel Management vorgeschlagen worden (Lindgren 2003).

Das Sales Funnel Management trägt seinen Namen aufgrund der Analogie zu einem Verkaufstrichter (Funnel). Dieser Funnel (engl.: Trichter), der auch in anderen betriebswirtschaftlichen Bereichen wie beispielsweise dem „New Product Development" diskutiert wird (Ding und Eliashberg 2002), beschreibt den Prozess der Neukundenakquisition über die bereits in Abschnitt C angesprochenen Phasen. Zunächst wird eine Vielzahl von Projekten identifiziert und evaluiert. Während die Anzahl der im Prozess verbleibenden Projekte über die Zeit sukzessive abnimmt, steigen sowohl der monetäre Aufwand als auch die Erfolgswahrscheinlichkeit je Projekt von Stufe zu Stufe. Während in Abschnitt B dargestellt wird, wie der jeweils optimale Akquisitionsaufwand pro Projekt bestimmt werden kann, kann man mit dem Funnel Management die Einhaltung solcher Vorgaben über die Phasen kontrollieren und eventuelle Fehlentwicklungen diagnostizieren.

Am Ende des Akquisitionsprozesses soll eine bestimmte Anzahl an Projekten erfolgreich abgeschlossen und realisiert werden. Um dies zu erreichen, kann aus den Erfolgswahrscheinlichkeiten der einzelnen Phasen abgeleitet werden, wie viele Projekte in den einzelnen Stufen im Prozess verbleiben sollten. Nach jeder einzelnen Phase stehen Entscheidungen über die Fortführung oder die Beendigung der Projekte an. Während in Abschnitt C beschrieben wird, wie für diese Selektionsentscheidungen je Stufe Markov-Prozesse herangezogen werden können, kann mit dem Funnel Management überprüft werden, wie sich die Übergangswahrscheinlichkeiten entwickeln und ob dabei Fehlentwicklungen zu beobachten und eventuell zu korrigieren sind.

Die folgenden Abschnitte beschreiben die grundlegende Pipeline-Problematik und das Sales Funnel Management als Controlling-Instrument, mit dem die Ausführung der Entscheidungen nach den Abschnitten B und C kontrolliert werden kann.

I. Die Pipeline-Problematik

Der Prozess der Neukundenakquisition ist den so genannten Pipeline-Problemen zuzuordnen (Ding und Eliashberg 2002). Eine Pipeline ergibt sich dadurch, dass die Akquisition über mehrere sukzessive nacheinander ablaufende Phasen erfolgt. Dadurch können sich nicht mehr erfolgreich akquirierte Aufträge ergeben als ursprünglich in die Pipeline eingehen. Kennt das Unternehmen die zeitliche Länge der Phasen und die Wahrscheinlichkeiten, mit denen Projekte die jeweils nächste Phase des Akquisitionsprozesses erreichen, kann es den zu erwartenden Umsatz zu jedem zukünftigen Zeitpunkt abschätzen und Maßnahmen ergreifen, falls diese Umsätze nicht befriedigend sind. Das Unternehmen kann aber auch versuchen, die Pipeline aktiv zu gestalten und zu managen, so dass die Akquisition effektiv und effizient erfolgt.

Der Pipeline-Prozess vollzieht sich über mehrere Stufen, für die zu bestimmen ist, wie viele Projekte jeweils fortgeführt und finanziert werden sollen (vgl. Ding und Eliashberg 2002, S. 344). Bei der Planung des Akquisitionsprozesses ist somit die erste und zentrale Herausforderung an das Verkaufsmanagement, eine dem jeweiligen Unternehmen und der jeweiligen Situation angemessene Pipeline zu konstruieren, aus der Vorgaben für die

Akquisitionsmanagement im industriellen Projektgeschäft

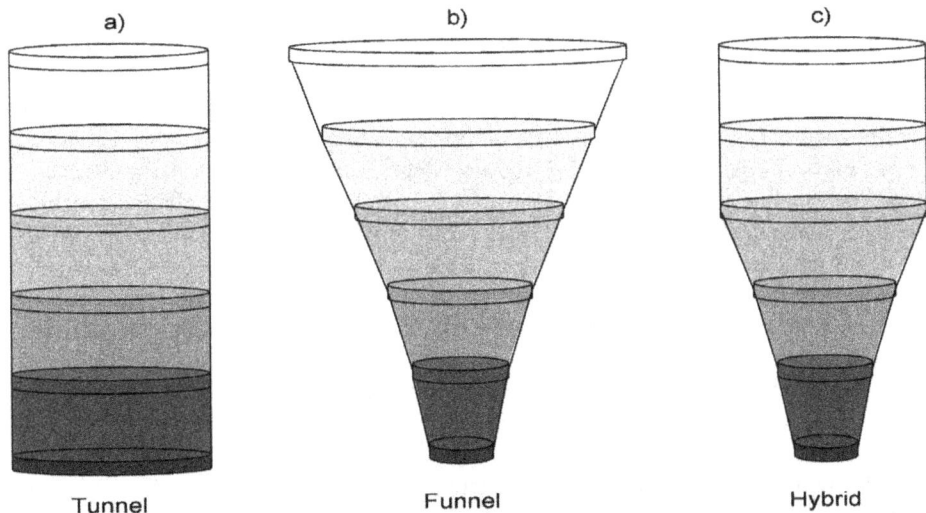

Quelle: In Anlehnung an Ding und Eliashberg (2002), S. 345 f.

Abb. D-1. Mögliche Pipeline-Strukturen

jeweilige Anzahl der zu bearbeitenden Projekte hervorgehen. Hierbei kommen verschiedene idealtypische Ausprägungen einer solchen Pipeline für verschiedene Situationen in Frage, beispielsweise die Form eines Tunnels (engl.: Tunnel) oder eines Funnel (engl.: Trichter) (Abbildung D-1).

Bei Vorliegen eines Tunnels bleibt die Anzahl der sich im Prozess befindlichen Projekte über den gesamten Zeithorizont konstant, was durch die gleich bleibende Breite dieser Pipeline-Form zum Ausdruck gebracht wird. Bei einem Funnel hingegen findet jeweils im Übergang zwischen zwei Phasen des Akquisitionsprozesses eine Selektion statt, bei der die Anzahl der Projekte reduziert und einige Projekte somit aus der Pipeline eliminiert werden. Entsprechend verjüngt sich der Funnel mit voranschreitendem Prozessablauf. Auch hybride Pipeline-Formate als Mischform aus den beiden erstgenannten Typen sind alternativ vorstellbar, wenn der Selektionsprozess erst zu einem späteren Zeitpunkt einsetzt und die Anzahl der verfolgten Projekte somit erst nach Ablauf der ersten Phasen des Akquisitionsprozesses verringert wird (Ding und Eliashberg 2002, S. 345).

Im Rahmen der Bestimmung der optimalen Pipelinestruktur müssen unter anderem die finanziellen, personellen und zeitlichen Ressourcen berücksichtigt werden, die dem Außendienst zur Verfügung stehen. Zusätzlich muss definiert werden, wie viele Projekte nach Ablauf des Prozesses realisiert und dementsprechend in den einzelnen Stufen der jeweiligen Pipeline finanziert und weiter verfolgt werden sollen (Ding und Eliashberg 2002, S. 343). Wie in Kapitel D.II gezeigt wird, sind dabei die Erfolgswahrscheinlichkeiten der einzelnen Projekte in den jeweiligen Phasen zu berücksichtigen. Auch die Kostenstruktur des Akquisitionsprozesses und die monetären Erwartungswerte aus den in Frage kommenden Projekten spielen an dieser Stelle eine gewichtige Rolle.

Nach der Festlegung der äußeren Form der Pipeline stellt sich die Frage, ob eine parallele oder eine sequentielle Akquisitionsstrategie verfolgt werden soll. Nach dem parallelen Ansatz gehen alle in Frage kommenden Projekte gleichzeitig in den Akquisitionsprozess ein. Hier wird der gesamte Prozess nur einmal durchlaufen. Für die meisten Geschäftsbeziehungen hingegen empfiehlt sich eher eine sequenzielle Strategie, bei der der gesamte Prozess immer wieder aufs Neue angestoßen wird und neue Projekte in die erste Phase der Pipeline eintauchen, so dass jeweils in allen Phasen des Akquisitionsprozesses Projekte vorhanden sind. Auf diese Weise können Dynamiken im Kundenstamm ausgeglichen und eine langfristige Sicherung der Umsätze eines Unternehmens unterstützt werden. Dabei ist die simultane Bearbeitung mehrerer mit Unsicherheit behafteter Projekte generell Erfolg versprechender als die isolierte Bearbeitung einzelner Projekte. Andererseits ergibt sich aber insbesondere aus der sequentiellen Strategie die Gefahr des „Overspending". Um nicht zu viele monetäre Mittel zu binden, muss dringend vermieden werden, eine zu große Anzahl oder gar alle in Frage kommenden Projekte zu verfolgen (Ding und Eliashberg 2002, S. 346).

In der wirtschaftswissenschaftlichen Literatur hat die Problematik der Bestimmung einer optimalen Pipeline-Struktur für eine spezifische Situation bisher im Bereich der Neuproduktentwicklung Berücksichtigung gefunden. Für andere Themengebiete wie auch für das Verkaufsmanagement steht eine wissenschaftliche Betrachtung noch aus (Ding und Eliashberg 2002, S. 347).

II. Sales Funnel Management – Steuerung des Akquisitionsprozesses

Das Sales Funnel Management ist in der Unternehmensberatungspraxis entstanden und stellt im Wesentlichen Software-Tools für das Controlling des Akquisitionsprozesses zur Verfügung. Meist stellen diese Tools lediglich Teile einer umfassenden Software zur Realisierung eines Customer Relationship Management dar (www.sap.com). Mit Hilfe von Datenblättern werden alle relevanten Informationen über die Interessenten und den Vorgang des Akquisitionsprozesses gespeichert und strukturiert, wodurch die Verkaufsstrategie für jeden einzelnen Interessenten detailliert geplant werden kann. Die einzelnen Schritte des Verkaufsprozesses werden in den meisten Anwendungen mit Hilfe von Checklisten in logische Reihenfolgen gebracht und geplant. Durch Zusammenführung der quantitativen Informationen über die Interessenten und der Informationen über den Verlauf der Akquisitionsbemühungen und der Wahrscheinlichkeiten der Auftragsgewinnung wird eine Bewertung der Interessenten durchgeführt. Auch die Erstellung und Verwaltung von Vertriebsdokumenten und Angeboten wird unterstützt. Die Synthese aller Informationen geschieht in allen Softwarelösungen mit Hilfe einer Abbildung des Sales Funnel (www.siebel.com). Dabei ist es zu jedem Zeitpunkt möglich, Prognosen und aktuelle Informationen aus der Darstellung zu entnehmen oder diese einzuarbeiten (Lindgren 2003). Durch die leicht erschließbare grafische Darstellung eignet sich der durch die Software generierte Sales Funnel als Präsentationsinstrument und als Grundlage für Diskussionen.

In Abbildung D-2 wird ein Beispiel für einen Sales Funnel vorgestellt, der aus insgesamt 6 Phasen (analog zu Tabelle C-1) besteht. Aus der Grafik geht zunächst hervor, dass viele Projekte mit unterschiedlichen Erwartungswerten in die Pipeline eingehen. Diese zu selektieren und die potentiell erfolgreichsten Projekte auszuwählen, ist das Ziel des Funnel Management.

Der Sales Funnel ist eingeteilt in verschiedene Stufen, die den zuvor beschriebenen Phasen des Akquisitionsprozesses entsprechen. Jeweils zwischen zwei dieser Stufen findet ein Selektionsprozess statt, bei dem die weniger aussichtsreichen Projekte eliminiert und aus dem Prozess entfernt werden. Hierdurch verringert sich die Anzahl der verfolgten Projekte sukzessiv. Dieser Selektionsprozess kann, wie eingangs erwähnt, mit Hilfe von Markov-Ketten unterstützt, aber auch hinsichtlich Fehlentwicklungen kontrolliert werden. Für jede Phase des Funnel kann eine Wahrscheinlichkeit angegeben werden, mit der die in der jeweiligen Stufe befindlichen Projekte zu einem erfolgreichen Abschluss führen. Diese können auch das Ergebnis einer Kette von Markov-Prozessen sein. Sie sind in Abbildung D-2 beispielhaft in dem grauen Pfeil angegeben. Die Auftragsgewinnungswahrscheinlichkeiten sind aus Erfahrungswerten und Vergangenheitsdaten zu bilden und können an subjektive Erwartungen und Einschätzungen beispielsweise seitens des Managements angepasst werden. Dabei steigen diese Wahrscheinlichkeiten bei einem erfolgreichen Selektionsprozess von Stufe zu Stufe an, bis final einige Projekte realisiert werden. Um über die Zeit eine aktuelle Pipeline zu gewährleisten, müssen diese Erfolgswahrscheinlichkeiten kontinuierlich an neue Erfahrungen und Erkenntnisse angepasst werden. Sie sollten allerdings nicht, wie in der Praxis üblich, einfach überschrieben werden. Es empfiehlt sich vielmehr, diese Daten über die Zeit sorgfältig zu dokumentieren, um aus ihnen lernen zu können.

Das Verkaufsmanagement muss zur strategischen Planung ein Ziel definieren, wie viele Projekte final realisiert werden sollen (im Beispiel 10). Hierbei sind natürlich zeitliche, personelle und finanzielle Ressourcen und Optimalitätskalküle, wie in Abschnitt B dargestellt, zu berücksichtigen. Diese Informationen können genutzt werden, um über die Erfolgswahrscheinlichkeiten eine numerische Sollvorgabe für die Anzahl der Projekte je Stufe des Funnel berechnen zu können. Hierzu dividiert man die finale Realisierungsvorgabe (10) durch die jeweiligen Auftragsgewinnungswahrscheinlichkeiten. Der äußere Rand des Verkaufstrichters beschreibt die resultierenden Sollvorgaben je Stufe des Funnel. Werden die tatsächlich in der Pipeline befindlichen Projekte nun ebenfalls je Stufe als Ist-Wert angegeben, so kann ein Zielerreichungsgrad je Phase des Akquisitionsprozesses als Quotient aus Ist- und Sollwert angegeben werden. Dieser Erfüllungsgrad wird durch die Prozentzahlen am oberen Rand des Funnel zum Ausdruck gebracht. Gleichzeitig werden die einzelnen Phasen entsprechend farbig markiert. Somit können Diskrepanzen zwischen den vorgegebenen Sollwerten und den realisierten Istwerten visuell dargestellt und Handlungsbedarf aufgezeigt werden (www.commence.com), da diese grafische Darstellung nun genutzt werden kann, um Probleme im Ablauf des Akquisitionsprozesses oder bei der Selektion der Projekte im Übergang zwischen den einzelnen Stufen zu identifizieren. Somit wird die Funktion des Funnel als Controlling-Instrument deutlich.

Für das Beispiel in Abbildung D-2 kann vermutet werden, dass die Selektionskriterien im Übergang von Phase 1 zu Phase 2 zu streng sind. Hier besteht offensichtlich Anpassungsbedarf, da die Kapazitäten des Außendienstes zur Informationssammlung (Phase 2) nicht ausgelastet sind. Auf der anderen Seite gehen zu viele Projekte in die dritte Phase ein, was auf eine zu wenig selektive Auswahl in diesem Schritt schließen lässt. Die in Phase 2 gesammelten Informationen und Daten über die Interessenten beziehungsweise

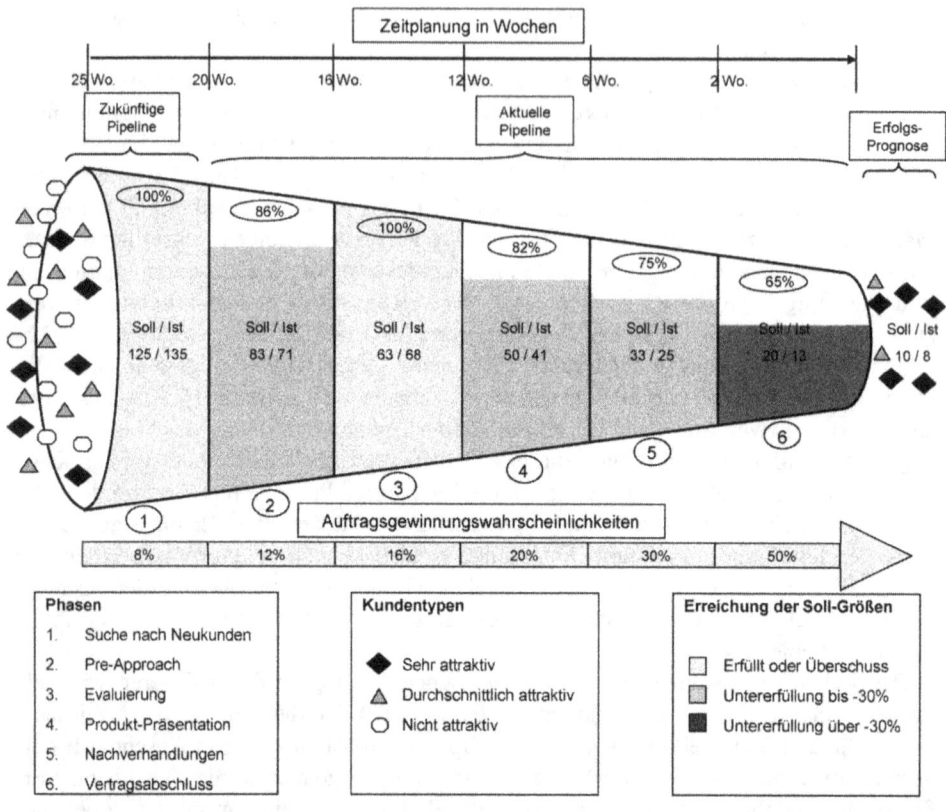

Quelle: In Anlehnung an www.commence.com und www.fisheri.com.

Abb. D-2. Der Sales Funnel

Projekte werden dem Anschein nach zu wenig kritisch beurteilt, wodurch in Phase 3 des Akquisitionsprozesses zu hohe Kosten verursacht werden. In der zweiten Hälfte des Funnel wird keine vollständige Erfüllung der Vorgaben mehr erreicht. Grund hierfür ist, dass die Selektionskriterien nach Stufe 3 anscheinend wiederum zu restriktiv sind. An dieser Stelle liegen offenbar auch die Ursachen für das Nichterreichen der Sollvorgaben in den späteren Phasen des Sales Funnel, wobei bei der Interpretation zu berücksichtigen ist, dass sich hier potenziell der Einfluss multipler Ursachen widerspiegeln kann. Als Resultat werden lediglich acht anstelle der geforderten zehn Projekte zu einem positiven Abschluss gebracht.

Bereits nach diesen Erläuterungen wird ein bedeutender Problembereich des Funnel Management erkennbar. Es werden zwar Anhaltspunkte zum Aufdecken von Defiziten und Mängeln im Ablauf des Prozesses bereitgestellt, jedoch lassen sich unmittelbar keine Maßnahmen zur Behebung derselben ableiten. Um den Akquisitionsprozess nachhaltig zu verbessern, sind tiefer gehende Ursachenanalysen unerlässlich.

Mit Hilfe der Erfolgswahrscheinlichkeiten lassen sich recht einfach Erwartungswerte der zukünftig zu generierenden Einkommensströme für einzelne Projekte oder auch für die gesamten noch nicht abgeschlossenen Projekte ermitteln. Hierzu ist es lediglich notwendig, dass die Außendienstmitarbeiter in der Lage sind, die Projekte bezüglich ihres monetären Volumens zu bewerten. Dies ist auch eine notwendige Voraussetzung, um analog zu dem Vorgehen in Abschnitt B optimale Akquisitionsbudgets für die einzelnen Projekte abzuleiten. Diese Informationen können sodann als Entscheidungsgrundlage zur Steuerung der Bemühungen des Außendienstes genutzt werden.

Mit dem Zeitstrahl ist auch ein zeitlicher Aspekt in der Abbildung enthalten. Aus Erfahrungswerten lässt sich der mittlere Zeitbedarf für die Projekte in den verschiedenen Phasen des Sales Funnel ermitteln. Hieraus ergibt sich ein zeitlicher Planungshorizont, der Prognosen des Verkaufsmanagements zu unterstützen vermag. Zusätzlich können solche Projekte identifiziert werden, die überdurchschnittlich lange in einzelnen Phasen des Prozesses verweilen, ohne sich merklich einem positiven Abschluss anzunähern. Da in solchen Fällen Ressourcen des Außendienstes über unverhältnismäßig lange Zeit gebunden sind, somit zusätzliche Kosten verursacht werden und des weiteren Opportunitätskosten durch entgangene Gewinne anfallen, sind derartige Projekte entweder forciert anzugehen und mit erhöhten Anstrengungen voranzubringen oder aber bei negativen Einschätzungen bezüglich der Erfolgsaussichten schnellstmöglich zu eliminieren.

Letztlich findet sich in Abbildung D-2 noch eine Klassifizierung in die zukünftige und aktuelle Pipeline. Je nach Zeitpunkt der Betrachtung fällt ein Teil der Projekte auch in den Prognosezeitraum. Nach dem sequenziellen Ansatz (Ding und Eliashberg 2002, S. 346) müssen die Phasen des Akquisitionsprozesses fortwährend und wiederkehrend durchlaufen werden, damit dauerhaft konstante Umsätze erzielt werden können. Hier leistet der Sales Funnel einen wesentlichen Beitrag zur effizienten und effektiven Allokation der knappen zeitlichen Ressourcen der Außendienstmitarbeiter und hilft, diese in eine ökonomisch sinnvolle Verwendung zu lenken.

Zusammenfassend bleibt festzuhalten, dass das hier vorgestellte Instrument des Sales Funnel einen wesentlichen Beitrag zur Visualisierung und Strukturierung sowie zum Controlling des Akquisitionsprozesses leisten kann. Der Funnel visualisiert den Akquisitionsprozess und hilft, einen Überblick über die einzelnen Projekte in den verschiedenen Stadien zu erlangen. Außerdem dient er der Entscheidungsunterstützung für die Projektselektion zwischen den einzelnen Phasen dieses Prozesses. Bei Anwendung des Funnel können in Kombination mit anderen unterstützenden Methoden und Instrumenten Ressourcen des Außendienstes effizient zugeteilt sowie Analysen und Prognosen angefertigt werden. Optimalerweise werden die Akquisitionskosten somit reduziert und der Verkaufszyklus verkürzt (www.fisheri.com). Zusätzlich bietet sich die Möglichkeit, die an den Akquisitionsprozess gestellten Sollvorgaben des Managements einfach und anschaulich zu kontrollieren. Des Weiteren unterstützt der Sales Funnel eine Effektivitätsmessung des Außendienstes. Insbesondere wird ein interpersoneller Leistungsvergleich möglich, wenn Erfolgswahrscheinlichkeiten und Erfolgsraten über die Außendienstmitarbeiter verglichen werden. Dank seiner Plausibilität und der intuitiven Verständlichkeit der grafischen Darstellung bietet der Funnel ein Instrument zur Unterstützung von Diskussionen und zur gemeinschaftlichen Planungen in Teamarbeit.

Aufgrund der zuvor dargelegten Charakteristika wird das Sales Funnel Management insbesondere von einigen Unternehmensberatungen als Allheilmittel im Bereich Verkaufsmanagement angepriesen (www.commence.com, www.fisheri.com). Dennoch oder vielleicht gerade deshalb dürfen einige Nachteile dieses Instrumentes nicht unbeachtet bleiben. Entscheidend ist die gute Schätzung von Auftragsgewinnungswahrscheinlichkeiten und des erfolgreichen Übergangs von einer zur nächsten Phase. Außerdem können mit dem Funnel Management allenfalls Schwächen im Akquisitionsprozess aufgedeckt werden, Hinweise zur Behebung dieser Defizite können aus dem Funnel Management aber nur sehr bedingt und nicht unmittelbar abgeleitet werden.

E. Zusammenfassung und Ausblick

Der vorliegende Artikel beschäftigt sich mit einer bisher in der wissenschaftlichen Literatur vernachlässigten Phase des Customer Relationship Management bei industriellen Projekten: dem Akquisitionsmanagement. Hierzu sind bisher nur wenige Tools zur besseren Steuerung dieses Prozesses entwickelt worden.

Aufbauend auf den Ideen von Albers und Krafft (2000), die eine Formel für den optimalen Anfragengewinnungs- und Auftragsgewinnungsaufwand vorgeschlagen haben, wird hier anhand eines empirischen Beispiels gezeigt, wie man diesen Aufwand konkret bestimmt. Dabei wird ein vereinfachtes Problem betrachtet, bei dem Anfrage- und Auftragsgewinnung nicht weiter differenziert werden können. Zuerst wird dazu eine Auftragsgewinnungs-Wahrscheinlichkeitsfunktion auf der Basis von Daten zu Akquisitionsprojekten eines Unternehmens der Maschinenbauindustrie statistisch geschätzt. Auf der Basis dieser Funktion wird der optimale Akquisitionsaufwand bestimmt. Es zeigt sich, dass dieser im Mittel wesentlich höher hätte ausfallen können, als dies geschehen ist.

Da sich Akquisitionen über mehrere Phasen erstrecken und sich der Informationsstand über die Wahrscheinlichkeit der Auftragsgewinnung mit der Zeit verbessert, stellt sich die Frage, welche Projekte ein Außendienstmitarbeiter nach jeder Phase weiterverfolgen soll. Dazu wird das bekannte Konzept der Markov-Ketten vorgestellt und anhand eines Beispiels beschrieben.

Da Akquisitionsprozesse sehr komplex sind, benötigt das Verkaufsmanagement zu deren Steuerung entsprechend geeignete Controlling-Tools. In der wirtschaftlichen Praxis, in Unternehmensberatungen und bei Softwareherstellern (z.B. www.siebel.com) wird dafür das Konzept des Sales Funnel Management propagiert, welches in der wirtschaftswissenschaftlichen Literatur bisher fast vollkommen unbeachtet geblieben ist. Der Sales Funnel stellt ein Instrument zur Strukturierung und zum Controlling des Akquisitionsprozesses sowie zur Entscheidungsunterstützung in den einzelnen Phasen dieses Prozesses dar. Er hilft dem Verkaufsmanagement abzuschätzen, ob die Übergänge zwischen den Phasen effektiv ablaufen und immer genügend Projekte in der Pipeline sind. Die Verkaufsaußendienstmitarbeiter erhalten Feedback über die Effektivität, mit denen sie einzelne Akquisitionsprojekte verfolgen. Zusätzlich ermöglicht dieses Instrument dem Management eine Effektivitätsmessung des Außendienstes und kann ein wichtiges Informationsmedium darstellen. Die Plausibilität und intuitive Verständlichkeit der grafischen Darstellung können des Weiteren eine wichtige Unterstützung für Diskussionen und Planungen in Teamarbeit bieten.

Literatur

Adams, M. (2004): Real Options and Customer Management in the Financial Services Sector, *Journal of Strategic Marketing*, 12 (1), 3–11.
Albers, S. (1989): *Entscheidungshilfen für den Persönlichen Verkauf*, Berlin.
Albers, S. und Krafft, M. (2000): Regeln zur Bestimmung des fast-optimalen Angebotsaufwands, *Zeitschrift für Betriebswirtschaft*, 70 (10), 1083–1107.
Backhaus, K. (2003): *Industriegütermarketing*, 7. Auflage, München.
Ding, M. und Eliashberg, J. (2002): Structuring the New Product Development Pipeline, *Management Science*, 48 (3), 343–363.
Dwyer, F.R., Schurr, P.H. und Oh, S. (1987): Developing Buyer-Seller Relationships, *Journal of Marketing*, 51 (2), 11–27.
Dwyer, S., Hill, J. und Martin, W. (2000): An Empirical Investigation of Critical Success Factors in the Personal Selling Process for Homogenous Goods, *Journal of Personal Selling & Sales Management*, 20 (3), 151–159.
Eichenberger, H. und Oggenfuss, C. (2002): Die Kunden-Interaktion im CRM-Gesamtkontext- am Beispiel der Finanzdienstleistungsindustrie, in: Schögel, M. und Schmidt, I. (Hrsg.): *eCRM*, Düsseldorf, 539–563.
Fichman, R.G., Keil, M. und Tiwana, A. (2005): Beyond Valuation: "Options Thinking" in IT Project Management, *California Management Review*, 47 (2), 74–96.
Gupta, S., Lehmann, D.R. und Stuart, J.A. (2004): Valuing Customers, *Journal of Marketing Research*, 41 (1), 7–18.
Jain, D. und Singh, S.S. (2002): Customer Lifetime Value Research in Marketing: A Review and Future Directions, *Journal of Interactive Marketing*, 16 (2), 34–46.
Johnston, M.W. und Marshall, G.W. (2003): *Churchill/Ford/Walker's Sales Force Management*, 7. Auflage, New York.
Jost, A. (2002): Erweiterte Vertriebssteuerung im Rahmen moderner CRM-Systeme, in: Albers, S. (Hrsg.): *Praxishandbuch Verkaufsaußendienst. Planung - Steuerung - Kontrolle*, Düsseldorf, 87–110.
Kotler, P. und Bliemel, F. (1999): *Marketing Management. Analyse, Planung, Umsetzung und Steuerung*, 9. Auflage, Stuttgart.
Krafft, M. (2002): *Kundenbindung und Kundenwert*, Heidelberg.
Krafft, M. und Albers, S. (2000): Ansätze zur Segmentierung von Kunden- Wie geeignet sind herkömmliche Konzepte?, *Zeitschrift für betriebswirtschaftliche Forschung*, 52, 515–536.
Layton, R.A. (1968): Controlling Risk and Return in the Management of a Sales Team, *Journal of Marketing Research*, 5, 277-282.
Lindgren, J. (2003): *Integrated Sales Funnel, Forecast and Contact Management*, Piccolo Software, (http://crm.ittoolbox.com/pub/JL081403.htm), 23.01.2004.
Little, J.D.C. und Lodish, L.M. (1981): Commentary on "Judgement Based Marketing Decision Models", *Journal of Marketing*, 45 (4), 24–29.
Reinartz, W., Krafft, M. und Hoyer, W.D. (2004): The Customer Relationship Management Process: Its Measurement and Impact on Performance, *Journal of Marketing Research*, 41 (3), 293–305.
Reinartz, W., Thomas, J.S. und Kumar, V. (2005): Balancing Acquisition and Retention Resources to Maximize Customer Profitability, *Journal of Marketing*, 69 (1), 63–79.
Reinartz, W.J. und Kumar, V. (2003): The Impact of Customer Relationship Characteristics on Profitable Lifetime Duration, *Journal of Marketing*, 67 (1), 77–99.
Shuchman, A. (1965): The Planning and Control of Personal Selling Effort Directed at New Account Acquisition: A Markovian Analysis, in: Preston, L.E. (Hrsg.): *New Research in Marketing*, Berkeley, 45–56.
Steffenhagen, H. (1974): Modelle zur Außendienstpolitik, in: Hansen, H.R. (Hrsg.): *Computergestützte Marketing-Planung*, München, 295–321.
Thompson, W.W. und Mc Neal, J.U. (1967): Sales Planning and Control Using Absorbing Markov Chains, *Journal of Marketing Research*, 4, 62–66.
Venkatesan, R. und Kumar, V. (2004): A Customer Lifetime Value Framework for Customer Selection and Resource Allocation Strategy, *Journal of Marketing*, 68 (4), 106–125.

Sönke Albers und Florian Söhnchen

Zusammenfassung

Während im an den Endkunden gerichteten Kundenmanagement das Bindungsmanagement eine große Rolle spielt, ist im industriellen Projektgeschäft das Akquisitionsmanagement von besonderer Bedeutung. Die Akquisition von Projekten erstreckt sich über mehrere Phasen und kann sehr kostspielig sein. Deshalb wird für einen Anwendungsfall im Maschinenbau gezeigt, wie man aufbauend auf einer empirisch geschätzten Auftragsgewinnungswahrscheinlichkeitsfunktion den optimalen Akquisitionsaufwand in Abhängigkeit von Projekt-Charakteristika bestimmen kann. Da man über die Phasen bessere Informationen über die Erfolgsaussichten der Akquisition bekommt, wird am Beispiel eines Markov-Ketten-Modells abgeleitet, ob man je nach Informationslage weitere Phasen des Akquisitionsprozesses durchlaufen oder abbrechen sollte. Auf der Ebene des Verkaufsmanagement kann dieser Akquisitionsprozess durch ein so genanntes Sales Funnel Management als Controlling-Instrument unterstützt werden. Es verfolgt das Ziel, als Pipeline von Projekten einen Funnel (Verkaufstrichter) anzustreben, der über die Phasen hinweg einen optimalen Ausgleich zwischen Akquisitionswahrscheinlichkeiten und –aufwendungen impliziert.

Summary

While in customer relationships directed to consumers or users the retention management plays an important role we find that the acquisition management is more important in the industrial contract business. The acquisition of contracts extends over several phases and involves substantial financial investments. Therefore, we show with the help of an application in the machine building industry how the optimal acquisition budget can be determined based on a probability function of winning a contract and given contract characteristics. As the information base of the probabilities improves over the phases we describe a markov-chain model that determines which acquisitions of contracts should be continued given a certain information status. On the level of the sales management the acquisition process can be controlled with the help of a so-called sales funnel management. The goal is to obtain a pipeline of potential contracts within the acquisition process that looks like a funnel and thereby optimally trades-off acquisition probabilities and budgets.

JEL: M31

Direktmarketing und klassische Medien: State-of-the-Art in der Budgetallokation

Von Kay Peters und Manfred Krafft*

Überblick

- Das Direktmarketing hat sich in den letzten Jahren national wie international zu einem zentralen Kommunikationsinstrument neben den klassischen Medien entwickelt.

- In der Marketing-Wissenschaft beziehen sich auch die neuesten Ansätze zur Optimierung der intermedialen und intertemporalen Budgetallokation fast ausschließlich auf klassische Medien. Diese Ansätze gehen allesamt von einer aggregierten Makroebene aus.

- Im Direktmarketing wurden - vor allem seit 1997 - Verfahren zur Optimierung der Budgetallokation entwickelt, die sich auch in praktischen Anwendungen als sehr erfolgreich erwiesen haben. Diese Verfahren gehen im Gegensatz zu den Optimierungsansätzen für klassische Medien von der Mikroebene des individuellen Kunden aus.

- Im systematischen Vergleich von Konzepten der Mikro- und Makroebene im Hinblick auf die optimale intermediale und intertemporale Allokation werden vielfältige Forschungslücken aufgezeigt, die zukünftig geschlossen werden sollten. Die Lösung dieser integrierten Fragestellungen wird aus Sicht der Autoren auch in der Marketing-Praxis auf reges Interesse stoßen.

Eingegangen: 4. März 2005

Kay Peters ist Assistent am Institut für Marketing am Marketing Centrum Münster und Leiter des Centrum für Interaktives Marketing und Medienmanagement (CIM), Westfälische Wilhelms-Universität Münster, Am Stadtgraben 13-15, 48143 Münster, Tel.: +49 (251) 83-25025, Fax: +49 (251) 83-25025, E-Mail: kay.peters@uni-muenster.de.
Manfred Krafft ist Professor für Marketing und Direktor des Instituts für Marketing am Marketing Centrum Münster, Westfälische Wilhelms-Universität Münster, Am Stadtgraben 13-15, 48143 Münster, Tel.: +49 (251) 83-25025, Fax: +49 (251) 83-25025, E-Mail: marketing@uni-muenster.de.

© Gabler-Verlag 2005

Kay Peters und Manfred Krafft

A. Einleitung

In der Unternehmenspraxis wird die Wirksamkeit klassischer Medien für den Transport von Werbebotschaften zunehmend hinterfragt. Die gesellschaftlichen Trends hin zur Individual- und Informationsgesellschaft werden dabei oft als die zentralen Ursachen für den Wandel des Medienkonsums und somit auch die unterschiedliche Aufnahme von Werbebotschaften angeführt (Michael 2005). Dies mag ein Grund dafür sein, weshalb die Budgets für das Direktmarketing im letzten Jahrzehnt stark gestiegen sind. Was oft als kleine Sonderabteilung im Bereich Marketing begann, dominiert bei einigen Unternehmen schon heute die Marketing-Budgets (z.B. bei Direktbanken und Direkt-Versicherungen). Mit der nunmehr fortschreitenden Integration der beiden Kommunikationsbereiche geht auch die Notwendigkeit einer ganzheitlichen Kommunikationsplanung bzw. Budgetallokation einher.

Die in der Marketing-Forschung entwickelten Ansätze zur Optimierung von Budgets und deren Allokation haben sich historisch weitestgehend an den Anforderungen der Unternehmenspraxis orientiert. Seit den Anfängen unter *Dorfman/Steiner (1954)* und *Nerlove/Arrow (1962)* waren der Marketing-Mix und die klassischen Medien auf aggregierter Ebene Gegenstand dieser Optimierungsansätze. In den Arbeiten von *Tull et al. (1986)* und *Chintagunta (1993)* wurde später gezeigt, dass die Höhe eines Budgets meist nur geringe Auswirkungen auf die Höhe der Deckungsbeiträge hat. *Mantrala/Sinha/Zoltners (1998)* zeigten, dass die optimale Allokation eines begrenzten Budgets in der Regel einen weitaus höheren Einfluss auf das betriebswirtschaftliche Ergebnis hat (vgl. auch *Doyle/Saunders 1990*). Daher wurden zahlreiche Ansätze zur Optimierung eines begrenzten Marketing-Budgets auf die Marketing-Mix-Instrumente bzw. eines Kommunikationsbudgets auf die verschiedenen Medien entwickelt. Da eine optimale Allokation aber auch die Gestaltung der anderen Marketing-Instrumente bzw. Medien, dynamische und Synergie-Effekte, verschiedene Kundensegmente und Wettbewerbs(re)aktionen berücksichtigen muss, wurden die Allokationsansätze zunehmend komplex. Eine explizite Berücksichtigung des neuen, mittlerweile bedeutenden Direktmarketing-Instrumentariums fand in dieser Entwicklung bislang kaum Beachtung.

Ausgehend von diesem Defizit haben sich im Direktmarketing in den letzten 20 Jahren eigene Modellierungsansätze herausgebildet, die entsprechend der Natur des Direktmarketing systematisch vom einzelnen Kunden ausgehen. Individuelle Kundendaten wurden hier aufgrund der weitaus detaillierter vorliegenden Transaktionshistorien und Kundenstamminformationen zu Segmenten zusammengefasst, also nicht von einer Gesamtheit ausgehend disaggregiert. *Bitran/Mondschein (1997)* entwickelten den ersten dynamischen Optimierungsansatz für die Allokation von begrenzten Ressourcen im Direktmarketing (vgl. *Krafft/Peters 2005* für eine ausführliche Übersicht). Die Optimierungsansätze zur Allokation im Direktmarketing beschränken sich ihrerseits wiederum - zumindest nach Kenntnis der Autoren - auf die Berücksichtigung von Direktmarketing-Budgets bzw. -Instrumenten, d.h. hier werden wiederum die klassischen Medien vernachlässigt.

Die zunehmende Integration der klassischen und Direktmarketing-Medien erfordert analog integrierte Allokationsregeln. Die Allokationsansätze für diese beiden Medien-Bereiche müssen hierfür zunächst systematisch auf die Integrationsmöglichkeit der jeweils anderen Mediengattungen geprüft werden. In diesem Beitrag soll eine solche erste Überprüfung vorgenommen werden. Da die Bedeutung und die Effekte bezüglich der klassischen Medien hinreichend bekannt sind und keiner näheren Erläuterung bedürfen, soll in

Direktmarketing und klassische Medien: State-of-the-Art in der Budgetallokation

einem ersten Schritt zunächst die Bedeutung des Direktmarketing geklärt werden (Abschnitt B.). Anschließend werden ausgewählte „State-of-the-Art"-Ansätze zur Budgetallokation für die klassischen Medien vorgestellt. Sie werden dahingehend betrachtet, inwiefern eine Integration der Direktmarketing-Medien möglich wäre und welche bedeutenden Aspekte der Budgetallokation von ihnen adressiert werden (Abschnitt C.I). Dies gilt auch für die intertemporale Allokation für klassische Medien (Abschnitt C.II). Im Abschnitt D werden dann zwei Allokationsansätze stellvertretend für den „State-of-the-Art" aus dem Direktmarketing vorgestellt und zudem auf ihre Erweiterungsmöglichkeiten hin überprüft. Im Fazit werden die Allokationsalgorithmen der beiden Medien-Bereiche tabellarisch einander gegenübergestellt und einige Forschungslücken aufgezeigt.

B. Die Entwicklung des Direktmarketing

Das Direktmarketing hat sich in den letzten Jahren rasant entwickelt (*Dallmer 2002*). Die Ausgaben der Unternehmen für Direktmarketing sind kontinuierlich stärker gestiegen als die Investitionen für Werbung in klassischen „Above-the-Line"-Medien, zu denen insbesondere TV, Print und Rundfunk zählen. Während das Volumen für Werbung in klassischen Medien seit 2000 leicht rückläufig war oder stagnierte, haben die Investitionen für die direkte Kommunikation in 2003 das Niveau der Werbung in klassischen Medien überschritten (vgl. Abb. B-1).

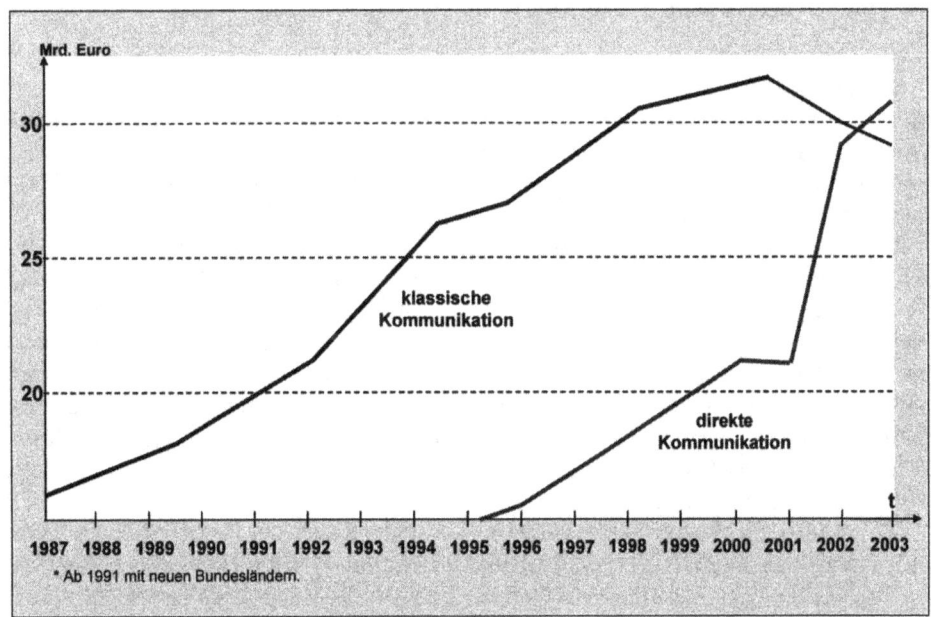

Quelle: *Zentralverband der deutschen Wirtschaft (2004), Deutsche Post (2004)*

Abb. B-1: Aufwändungen für klassische und direkte Kommunikation in Deutschland

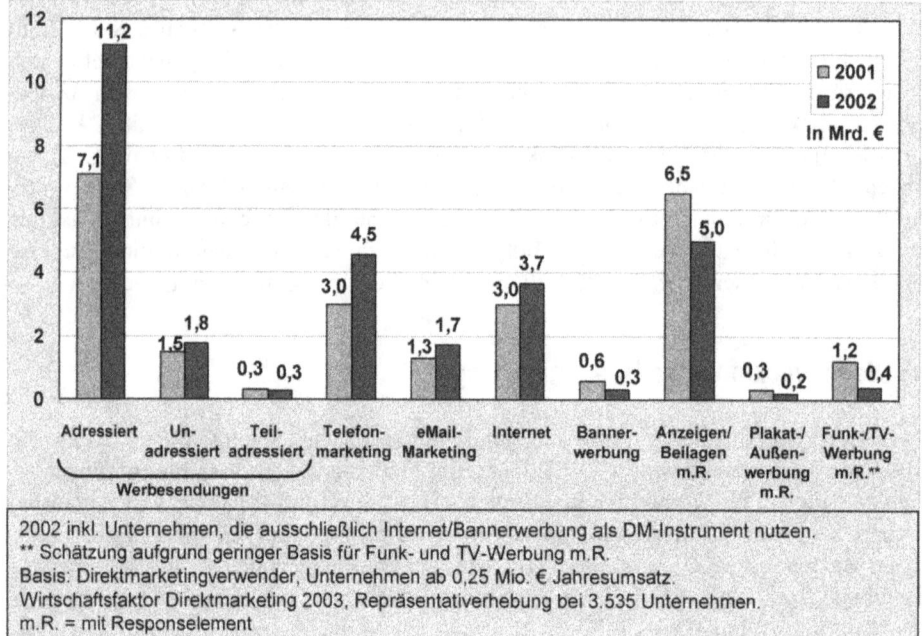

Quelle: *Deutsche Post (2004, S. 23)*

Abb. B-2: Nutzung von Dialogmedien in 2002

Die Ausgaben für die direkte Kommunikation teilen sich auf mehrere „Below-the-Line"-Medien auf. Der überwiegende Anteil, mittlerweile nahezu 39%, wird für adressierte Werbesendungen aufgewandt. Weitere bedeutende Budgetanteile werden in Anzeigen und Beilagen mit Response-Element (17%), Telefonmarketing (16%) und das Internet (13%) investiert (vgl. Abb. B-2).

Obgleich das Internet nur den viertgrößten Anteil am Direktmarketing-Budget verzeichnet, so wird es doch von den meisten Unternehmen eingesetzt (78%). Diese hohe Verbreitung ist unter anderem darauf zurückzuführen, dass das Internet-Marketing mit vergleichsweise wenig Aufwand einsetzbar ist. Es ist allerdings auch ein weitestgehend passives Medium. Ein aktives E-Mail-Marketing wird nur von 19% aller Unternehmen betrieben. Das meistgenutzte aktive Medium sind adressierte Werbesendungen (36%), gefolgt wiederum vom Telefonmarketing und unadressierten Werbesendungen. In klassische Medien werden bislang nur wenige Responseelemente integriert, obgleich der Anteil stetig steigt (*Deutsche Post 2004*).

Die soeben aufgezeigten Entwicklungen gelten jedoch nicht nur für Deutschland. Auch international nimmt die Bedeutung des Direktmarketing stetig zu. Dabei verzeichnen die asiatischen Nationen seit einigen Jahren das höchste Wachstum, wenn auch von einem eher moderaten Niveau ausgehend. So geht die *DMA (2004)* davon aus, dass dieser Trend auch in den nächsten Jahren fortbestehen wird (vgl. für eine detaillierte Diskussion *Krafft/Peters/Hesse 2005*).

Direktmarketing und klassische Medien: State-of-the-Art in der Budgetallokation

International nähern sich die Investitionen für Direktmarketing ebenfalls dem Niveau für die klassische Werbung zunehmend an bzw. übersteigen sie teilweise schon. In vielen Ländern machen die Investitionen für Direktmarketing somit einen signifikanten Anteil am gesamten Werbebudget aus. So hat in den Niederlanden das Volumen des Direktmarketing das für klassische Medien bereits 1998 überschritten. In Dänemark, Frankreich, Österreich und Spanien bewegen sich die Direktmarketing-Volumina beispielsweise zwischen 60 und 80% der Investitionen in klassische Medien. Der Anteil nimmt auch in vielen weiteren Ländern stetig zu (*Krafft/Peters/Hesse 2005*).

Aufgrund der sehr hohen Bedeutung des Direktmarketing erscheint es sinnvoll, die Ausgaben für Direktmarketing in die Gesamtkommunikationsplanung, insbesondere in die Optimierung der Budgetallokation, einzubeziehen. Neben der Allokation eines Kommunikationsbudgets über die einzelnen Mediengattungen muss auch über die intertemporale Allokation des Budgets entschieden werden. Dies gilt sowohl für die einzelnen Medien als auch für die Steuerung des gesamten Kommunikationsbudgets. Hier lagen für die klassischen Medien bislang weitaus mehr Daten für die Planung vor, als dies für die Direktmarketing-Medien der Fall war. Insbesondere relevante Wettbewerbsdaten waren beispielsweise über Paneldaten für klassische Medien verfügbar. Ein entsprechendes Pendant gab es für die Direktmarketing-Medien bislang nicht. Dies hat sich seit 2003 grundlegend geändert. Zunächst hat die GfK in Deutschland mit dem „Direct Mail Panel" ein zu den klassischen Medien vergleichbares Messinstrument eingeführt,

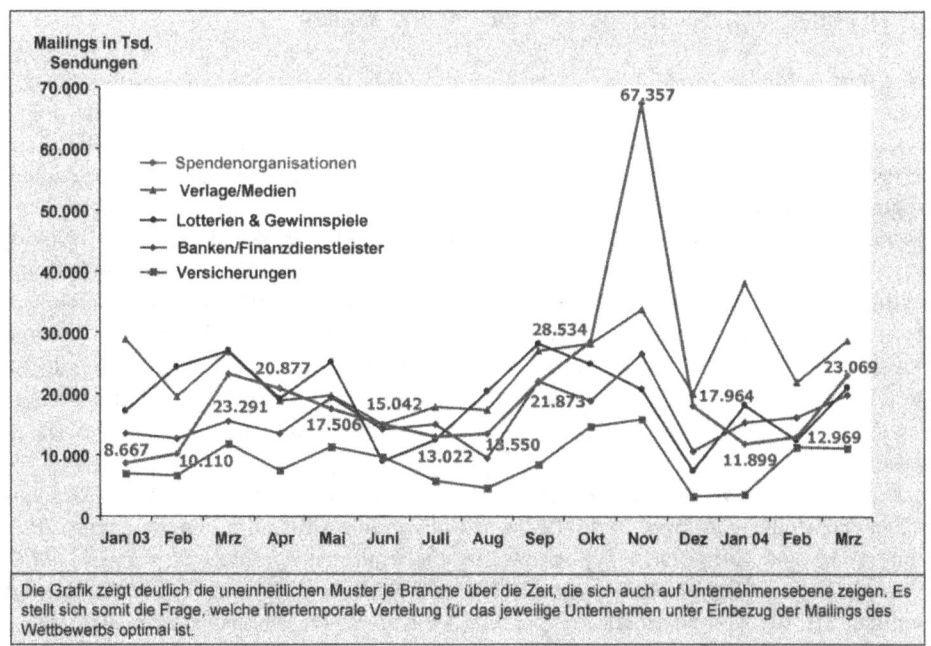

Quelle *GfK (2004)*

Abb. B-3: Versendevolumen für Direct Mailings nach Branchen in 2003

in dem nicht nur adressierte Direktmailings, sondern mittlerweile auch Werbeanrufe und SMS systematisch erfasst werden. Ende 2004 folgte Nielsen mit einem vergleichbaren Panel. Ausgehend von diesen Direktmarketing-Panels können in absehbarer Zeit auch Fragestellungen zur verbesserten intertemporalen Allokation von Direktmarketing-Medien aufgegriffen werden. Die Abb. B-3 zeigt am Beispiel des GfK Direct Mail Panels auf, wie der Einsatz von adressierten Werbesendungen branchenspezifisch bzw. nachfolgend auch auf Wettbewerber- und Unternehmensebene systematisch verfolgt werden kann.

Als Zwischenfazit ist festzuhalten, dass ein Großteil der deutschen Unternehmen verschiedene Direktmarketing-Instrumente nutzt. Das Direktmarketing hat mittlerweile eine ähnliche Bedeutung wie die Werbung in klassischen Medien. Dies gilt auch auf internationaler Ebene. Eine systematische Integration des Direktmarketing und seiner Medien in die ganzheitliche Kommunikationsplanung und damit auch in die Budgetallokation erscheint daher geboten. Dies wird in der Praxis bereits zunehmend umgesetzt, indem die ehemalige Spaltung der Marketing-Abteilungen in klassische und Direktmarketing-Kommunikation aufgehoben wird. Diese Entwicklungen müssten sich auch in der Marketing-Forschung widerspiegeln. Deshalb wird in den folgenden beiden Abschnitten anhand einer „State-of-the-Art"-Betrachtung der Allokationsoptimierungen für klassische Medien bzw. das Marketing-Mix geprüft, inwiefern sich das Direktmarketing in diese Allokationsempfehlungen integrieren lässt.

C. Die Allokation von Budgets für klassische Medien

Die Entscheidung des Managements über die Höhe eines Kommunikations-Budgets führt gemäß dem Prinzip des flachen Maximums nur zu unwesentlichen Veränderungen bei den resultierenden Deckungsbeiträgen (*Tull et al. 1986*; *Chintagunta 1993*). Eine bessere Allokation dieses Budgets auf verschiedene Mediengattungen verspricht dagegen eine deutliche höhere Wirkung auf den Deckungsbeitrag (*Doyle/Saunders 1990*, *Mantrala/Sinha/Zoltners 1998*). In Bezug auf die optimale Verteilung eines Budgets auf verschiedene Mediengattungen sind nach bestem Wissen der Autoren bisher ausschließlich die klassischen Medien Gegenstand wissenschaftlicher Untersuchungen gewesen, was im Kontrast zur zunehmenden Bedeutung des Direktmarketing und dessen Besonderheiten - z.B. andere Einsatzmöglichkeiten - steht. Deshalb müssen die Allokationsansätze für die klassischen Medien nun dahingehend geprüft werden, inwiefern sich die Direktmarketing-Instrumente in diese Allokationsregeln integrieren lassen.

Dabei werden zwei Ansätze unterschieden: (I.) Die Allokation des Budgets über verschiedene Mediengattungen und (II.) die intertemporale Allokation innerhalb eines Planungszeitraums. Zum ersten Typ sollen hier die zentralen Ansätze von *Albers (1998)*, *Krafft/Albers (2000)*, *Naik/Raman (2003)* und *Naik/Raman/Winer (2005)* angeführt werden. Mit der optimalen intertemporalen Allokation von Budgets setzen sich insbesondere *Naik/Mantrala/Sawyer (1998)* auseinander. Zur Überprüfung der Integrationsfähigkeit hinsichtlich der Direktmarketing-Instrumente und zur Prüfung auf die weitestgehende Berücksichtigung wichtiger operativer Marketing-Aspekte sollen diese Ansätze nachfolgend anhand der Erfüllung folgender Kriterien beurteilt werden (*Lilien/Rangaswamy 1998, Kap. 2 und 8; Mantrala 2002*):

- Empfehlung der Gesamtbudget-Höhe
- Empfehlung der Allokation über Kundensegmente, Produkte und/oder Medien
- Empfehlung zur intertemporalen Budgetallokation eines Mediums
- Berücksichtigung des Wettbewerbs
- Berücksichtigung anderer Marketing-Mix-Instrumente
- Berücksichtigung von dynamischen Effekten der Kommunikation
- Berücksichtigung von Synergieeffekten zwischen den Medien

Durch den systematischen Vergleich der Allokationsansätze anhand dieser Kriterien soll zum einen die aktuelle Berücksichtigung dieser wichtigen Entscheidungsdimensionen in der jeweiligen Allokationsregel geprüft werden. Zum anderen soll diesbezüglich die optionale Erweiterungsmöglichkeit des jeweiligen Ansatzes für die Integration der Anforderungen des Direktmarketing untersucht werden.

I. Allokation eines Budgets auf verschiedene Instrumente

Albers (1998) beschäftigt sich mit der optimalen Allokation eines gegebenen Budgets auf verschiedene Produkte, Segmente oder Medien. Er geht dabei zunächst von einer statischen, einperiodigen Betrachtung aus. Der Kern seines Beitrags zielt darauf ab, eine geeignete Heuristik für die einfache Optimierung der Allokation eines Budgets für die Praxis zu entwickeln. Hierzu vergleicht er seinen neuen Ansatz mit den in der Praxis weit verbreiteten Allokationsregeln. Die Verbreitung dieser simplen Regeln führt *Albers (1998)* unter anderem darauf zurück, dass die Kalibrierung selbst einfacher Reaktionsfunktionen unter anderem am fehlenden Know-how des Managements scheitert. Reaktionsfunktionen gleich welchen Typs sind jedoch die grundlegende Basis für zielführende Optimierungsansätze im Rahmen der Allokationsentscheidung.

Der Ansatz von *Albers (1998)* geht denn auch von einer einfachen Reaktionsfunktion aus. Gegeben sind das Gesamtbudget R, die jeweiligen Umsätze U_i des i-ten Produkts bzw. Segments sowie die Deckungsbeiträge des i-ten Produkts d_i. Die zu bestimmenden Budgets für die i-ten Produkte bzw. Segmente werden mit x_i bezeichnet (3). Die Umsätze sind eine Funktion der jeweiligen eingesetzten Budgets $U_i(x_i)$. Die Summe aller x_i darf dabei das Gesamtbudget R nicht überschreiten (2). Hieraus ergibt sich folgendes Optimierungsproblem:

(1) $\quad G = \sum_{i \in I} d_i * U_i(x_i) \Rightarrow Max!$

(2) $\quad \sum_{i \in I} x_i \leq R$

(3) $\quad x_i \geq 0 \; (i \in I)$

Das Ableiten und anschließende Auflösen der Gewinnfunktion (1) ergibt die Regel für die optimale Allokation des Budgets R auf die Teilbudgets x_i (4), wobei $U_i^{(opt)}$ und $\varepsilon_i^{(opt)}$ wiederum den Umsatz bzw. die Budgetelastizität (im Optimum) darstellen:

$$(4) \quad x_i = \frac{d_i * U_i^{opt} * \varepsilon_i^{opt}}{\sum_{j \in I} d_j * U_j^{opt} * \varepsilon_j^{opt}} * R \ (i \in I)$$

Zur praktischen Umsetzung der Allokationsregel empfiehlt *Albers (1998)* die Nutzung der Vorperiodenwerte als Näherungslösung (5):

$$(5) \quad x_i = \frac{d_{i,t-1} * U_{i,t-1}^{opt} * \varepsilon_{i,t-1}^{opt}}{\sum_{j \in I} d_{j,t-1} * U_{j,t-1}^{opt} * \varepsilon_{j,t-1}^{opt}} * R \ (i \in I) \ \text{mit} \ (6) \quad \varepsilon_{j,t-1} = \frac{\ln\left(\frac{U_{i,nachher}}{U_{i,vorher}}\right)}{\ln\left(\frac{x_{i,nachher}}{x_{i,vorher}}\right)} \ (i \in I)$$

Er kann als Ergebnis seiner Studie zeigen, dass diese Regel in den überwiegenden Fällen der optimalen Allokation am nächsten kommt und sehr schnell zum Optimum konvergiert.

Diese Heuristik lässt sich auch für den Fall von Komplementarität bzw. Substitutionalität zwischen den Produkten oder Segmenten erweitern, indem die jeweiligen Kreuzelastizitäten verwendet werden. Dieser Schritt stellt jedoch höhere Datenanforderungen, da sich die Kreuzelastizitäten nicht mehr einfach gemäß (6) bestimmen lassen, sondern statistisch aus Vergangenheitsdaten gewonnen werden müssen. Für die vorliegende Fragestellung in Bezug auf die Allokation eines Kommunikationsbudgets auf verschiedene Mediengattungen ist jedoch insbesondere die zweite Erweiterung von *Albers (1998)* interessant. Er zeigt auf, dass sich auch dynamische (über langfristige Elastizitäten) und asymmetrische Effekte (über geteilte Elastizitäten) sowie stochastische Reaktionsfunktionen berücksichtigen lassen.

Der Ansatz von *Albers (1998)* lässt sich aufgrund seiner allgemeinen Anwendbarkeit grundsätzlich auf die Planung von Mediabudgets übertragen. Eine Empfehlung hinsichtlich der Gesamtbudget-Höhe lässt sich aus dieser Allokationsregel nicht ableiten. Ebenso ist der Ansatz in der vorliegenden Form für die Allokation eines Budgets auf Segmente oder Produkte oder Medienbudgets geeignet. Eine diesbezügliche Erweiterung auf die simultane Berücksichtigung müsste über die Erweiterung um eine Umsatzreaktionsfunktion vorgenommen werden. Dies gilt auch für die Berücksichtigung anderer Marketing-Mix-Instrumente. Ebenso wird keine intertemporale Allokationsempfehlung generiert, da es sich um ein einperiodiges Modell handelt. Die Wettbewerbseinflüsse lassen sich durch die Verwendung von Kreuzelastizitäten berücksichtigen, wie es *Albers (1998)* selbst empfiehlt. Hinsichtlich der dynamischen Effekte weist *Albers (1998)* darauf hin, dass diese über die Verwendung langfristiger Elastizitäten integriert werden können. Der Vorschlag des Autors bezüglich der Integration von Komplementaritäten könnte bei einer Anwendung auf die Allokation eines Medienbudgets eventuell zur Abbildung von Synergieeffekten genutzt werden. Allerdings würde dies mit einer deutlich höheren Komplexität in der praktischen Anwendung erkauft werden. Im Vergleich zu den aktuell in der Praxis

| Direktmarketing und klassische Medien: State-of-the-Art in der Budgetallokation |

verwendeten Mediaplanungsalgorithmen für große Markenaufwändungen dürfte der zusätzliche Aufwand jedoch kaum ins Gewicht fallen.

Naik/Raman (2003) gehen einen anderen Weg, um die optimale Allokation eines Medienbudgets zu ermitteln. Dabei stellen die Autoren insbesondere auf die Berücksichtigung von Synergieeffekten zwischen den Medien ab, da eventuell auftretende Synergien die Empfehlungen von klassischen, meist auf gewichteten Relationen von Elastizitäten beruhenden Allokationsregeln, signifikant verändern können. Die Verfasser zeigen ihre Vorgehensweise anhand eines empirischen Beispiels auf. Das Produkt, Docker Jeans, wird über die beiden Medien Print und TV beworben. *Naik/Raman (2003)* modellieren nun die Absatzmenge S(t) als eine Funktion

- der beiden Medienbudgets $x_i(t)$,
- eines Interaktionsterms für die Synergie zwischen den beiden Medien,
- eines Medien- bzw. Synergiespezifischen Carryover-koeffizienten λ und von
- vier Dummy-Variablen $d_j(t)$ für die saisonalen Extrema des Absatzes.

Die nachfolgende Abb. C-1 fasst den Aufbau des Modells zusammen:

Um abnehmende Grenzerträge von steigenden Budgets abzubilden, berücksichtigen die Autoren die Budgets über eine Wurzeltransformation. Ferner modellieren die Autoren dass lediglich kurzfristige Effekte der Medienbudgets. Die langfristigen Effekte sowie weitere

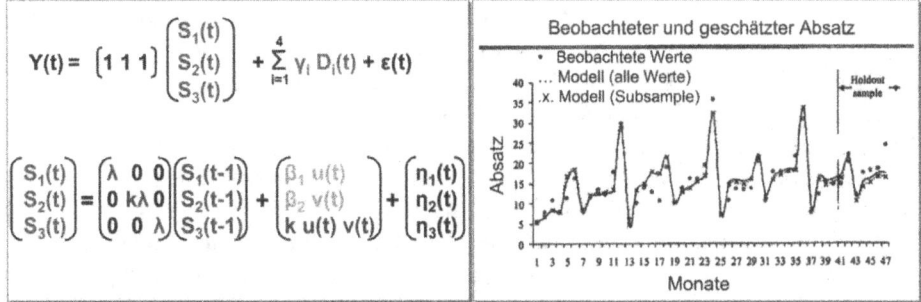

Quelle: Eigene Erstellung, Abb. vgl. Naik/Raman (2003), S. 379-380

Abb. C-1: Übersicht über Modellparameter und Modellaufbau

Ergebnis und optimale Allokation

		Schätzwert (Std.)	Fehler	t-Wert	
Carryover Effekt	λ	0,9269	0,0313	29,62	• Alle Parameter sind signifikant auf dem 0,05 Niveau außer β_2 für Print Effektivität.
Print Carryover Effekt mit k=.4	$k\lambda$	0,3708	--	--	
Effektivität TV Werbung	β_1	1,3530	0,5536	2,44	
Effektivität Print Werbung	β_2	2,1724	1,1824	1,84	
Synergie zwischen TV & Print	k	1,5766	0,6570	2,40	• $k\lambda$ besitzt kein Signifikanz-Niveau, da dieser Parameter durch Grid Search Routine mit Wert k=.4 für den maximalen LL ermittelt wurde.
Dummy Weihnachtskäufe	γ_1	15,3877	1,4528	10,59	
Dummy Rückgang nach Weihnachten	γ_2	-9,3741	1,3914	-6,74	
Dummy Sommer	γ_3	5,4238	1,2066	4,49	
Dummy Rückgang nach Sommer	γ_4	-3,1974	1,3614	-2,35	
Modell fit	R^2	82,51%	AIC	149,29	
Max. LL*		-63,65	AIC_c	207,47	

Ergebnis für optimale TV & Print Budgets

$$u^* = \sqrt{x_1} = \frac{m[\beta_2 km + 2\beta_1(1+\varphi-\lambda)]}{4(1+\varphi-\lambda)^2 - k^2 m^2}$$

$$v^* = \sqrt{x_2} = \frac{m[\beta_1 km + 2\beta_2(1+\varphi-\lambda)]}{4(1+\varphi-\lambda)^2 - k^2 m^2}$$

Ergebnis für optimales Budget B und Split Λ

$$B = u^* + v^* = \frac{m(\beta_1 + \beta_2)}{2(1+\varphi-\lambda) - km}$$

$$\Lambda = \frac{u^*}{v^*} = \frac{2\beta_1(1+\varphi-\lambda) + m\beta_2 k}{2\beta_2(1+\varphi-\lambda) + m\beta_1 k}$$

Quelle: Eigene Erstellung, Formeln vgl. Naik/Raman (2003), S. 380-382

Abb. C-2: Ergebnisse der Kalman-Filter-Schätzung

Marketing-Mix-Variablen bzw. Wettbewerbseinflüsse werden über einen Carryover-Effekt λ berücksichtigt. Die Autoren argumentieren hier, dass es sich bei dem Produkt Docker Jeans um eine monopolartige Stellung des Produkts handelt. Insofern sei eine solche Vorgehensweise vertretbar. Abschließend fällt bei der Betrachtung der Grafik in Abb. C-1 auf, dass der Absatz des Produkts deutlichen saisonalen Schwankungen unterworfen ist.

Es muss konstatiert werden, dass es sich hier um ein lineares Modell handelt, in dem nichtlineare Effekte durch die Variablentransformation der Budgets integriert werden. Die Autoren separieren über diese Modellspezifikation die Einzel-Effekte der Medienbudgets von dem Synergie-Effekt. Das Modell wird in eine Loglikelihood-Funktion überführt, um die Parameter anschließend mit Hilfe des Kalman-Filter-Verfahrens (*Harvey 1994*, *Hamilton 1994*, Kap. 13) und einem ML-Algorithmus zu schätzen.

In der Analyse des Anwendungsfalls zeigen die Autoren, dass der Carryover-Effekt und die saisonalen Dummy-Variablen den höchsten Erklärungsbeitrag leisten. Die kurzfristigen Effekte der Medienbudgets sind zwar signifikant, jedoch gering hinsichtlich ihres relativen Einflusses. Die Synergie zwischen den Medien ist positiv und signifikant. Problematisch ist unseres Erachtens, dass die Parameter für die Medienbudgets aufgrund ihrer Einheiten (Stück/√Geldeinheit) nur schwerlich zu interpretieren bzw. daher auch in ihrer Höhe kaum zu beurteilen sind (vgl. *Jain/Rao 1990* zur Konsistenz von Dimensionen von Einheiten).

Im zweiten Abschnitt ihres Beitrags leiten *Naik/Raman (2003)* mit Hilfe kontrolltheoretischer Verfahren normativ die optimalen Budgets ab. Die sich ergebenden Formeln für die optimalen Budgets zeigt Abb. C-2. Eine Bestimmung der optimalen Budgets für den vorliegenden Anwendungsfall nehmen die Autoren nicht vor. Hinsichtlich der entwickelten Formeln der Autoren ist anzumerken, dass es sich bei dem angegeben Gesamtbudget B um die Addition der beiden wurzeltransformierten Budgets bzw. bei dem optimalen Budgetsplit um die Relation der wurzeltransformierten Budgets handelt, also hier eigentlich angegeben wird:

$$(8) \quad B = u^* + v^* = \sqrt{x_1} + \sqrt{x_2}$$

$$(9) \quad \Lambda = \frac{u^*}{v^*} = \frac{\sqrt{x_1}}{\sqrt{x_2}}$$

Die angegebenen Ausdrucke sind deshalb für die praktische Anwendung entsprechend zu modifizieren. Ebenso ist kritisch anzumerken, dass ein Einsetzen der Parameterwerte in die Optimalitätsbedingungen für bestimmte Kombinationen der Gewinnmarge m sowie des Diskontsatzes φ zu unsteten Bereichen der Funktion führen kann. Dies hat zur Folge, dass sich asymptotische Annäherungen an die nicht definierten Bereiche (Division durch Null) ergeben können. Sie führen linksseitig der nicht definierten Stelle zu einer Empfehlung von positiven, jedoch mit Annäherung an die nicht definierte Stelle ins Unendliche ansteigenden optimalen Medienbudgets. Rechtsseitig davon werden jedoch negative Budgets empfohlen, die sich für Gewinnmargen m → 100% in diesem Bereich asymptotisch dem Nullwert nähern. Diese Effekte sind unseres Erachtens unter anderem auf die Verwendung einer linearen Funktion zurückzuführen, die typischerweise Extremwerte als Empfehlungen generiert.

Dennoch ist dieser Ansatz für die Ermittlung einer Allokation von Medienbudgets auf klassische und Direktmarketing-Medien grundsätzlich interessant, zumal er explizit die Berücksichtigung von Synergieeffekten ermöglicht. Diese werden von vielen Praktikern immer wieder postuliert, jedoch wurden sie mit anderen Verfahren bisher nur andeutungsweise nachgewiesen (*Naik/Raman 2003, Schultz 2004*). Die angeführten unplausiblen Eigenschaften in der Optimierung lassen sich durch die Wahl geeigneter Reaktionsfunktionen wahrscheinlich beheben, auch wenn dies den Nachweis von Synergieeffekten teilweise erschweren kann. Neben dem Nachweis von Synergieeffekten und der Integration von dynamischen Effekten werden jedoch viele wichtige Aspekte der Budgetallokation nicht berücksichtigt. Es ist zwar eine (eingeschränkte) Aussage über die Höhe des optimalen Budgets möglich, jedoch ist das Modell für einen Monopolmarkt konzipiert. Eine Allokation auf Kundensegmente oder Produkte wird nicht berücksichtigt. Ebenso wird keine intertemporale Allokationsempfehlung abgeleitet. Andere Marketing-Mix-Instrumente werden ebenso wenig berücksichtigt wie Wettbewerbseinflüsse.

Eine direkte Fortentwicklung dieses Ansatzes auf mehrere Marketing-Mix-Aktivitäten mit Interaktionen im Oligopol wurde von *Naik/Raman/Winer (2005)* vorgenommen. Dazu erweitern sie das klassische Lanchester-Modell für Werbung um Verkaufsförderungsbudgets (s. Abb. C-3). Die Autoren schätzen das erweiterte Modell für den US-amerikanischen

Vorgehensweise von Naik/Raman/Winer (2005)

Schätzgleichungen:

$$Y_k = z m_k + \varepsilon_k,$$
$$m_k = \Phi_k m_{k-1} + \delta_k + v_k$$

mit:

$$\Phi_k = \exp(A_k)$$
$$\delta_k = (\exp(A_k) - I_N) A_k^{-1} f_k$$
$$f_i = \alpha_i u_i + \beta_i v_i + \gamma_i u_i v_i$$

- $Y_k = (y_{1k} \ldots y_{N-1k})$ — Beobachtete Marktanteile der in der k-ten Periode
- z — Diagonalmatrix mit Werten 100
- m_k — Vektor der N Marktanteile in k-ter Periode
- Φ_k — NxN Transition Matrix
- δ_k — Nx1 Drift Vektor
- ε_k, v_k — Normalverteilte Fehlerterme
- A_k — NxN Matrix mit ($-F_k$) als Diagonalelemente
- $F = \sum_{i=1}^{N} f_i$ — Summe der Anstrengungen aller Marken
- I_N — N-dimensionale Einheitsmatrix
- $f_k = (f_{1k} \ldots f_{Nk})$ — Vektor der Marketing-Anstrengungen der N Marken in der k-ten Periode
- k — Integerzahl für die k-te Periode ($k \in T$)
- u_i — Werbung der i-ten Marke
- α_i — Effektivität der Werbung der i-ten Marke
- v_i — Promotion Aktivität der i-ten Marke
- β_i — Effektivität der Promotion der i-ten Marke
- γ_i — Stärke des Interaktionseffekts der i-ten Marke

- Ausgangsmodell: Lanchester-Modell
- Marke i gewinnt Marktanteil m_i durch höheres Budget u_i oder höhere Effektivität α_i
- Marke i gewinnt Marktanteil m_i, wenn eine Wettbewerbsmarke das Budget u_j senkt oder dessen Effektivität α_j sinkt.
- Analoge Erweiterung des Lanchester-Modells um Promotion-Aktivität v_i mit Effektivität β_i und Interaktionsterm (γ_i).
- Erweiterung als N-Marken-Lanchester-Modell als Simultanes Gleichungssystem gekoppelter Differentialgleichungen.
- Vereinfachung und Umsetzung in diskrete Schätzgleichung.

Quelle: Eigene Erstellung, Formeln gemäß Naik/Raman/Winer (2005), S. 27-30

Abb. C-3: Modellierungsansatz von *Naik/Raman/Winer (2005)*

Waschmittelmarkt, der von fünf großen Marken dominiert wird. Aufgrund der intertemporalen Abhängigkeit, der nicht-stationären Dynamik in den Variablen, den Interaktionen zwischen den Marketing-Budgets sowie der (asymmetrischen) Wettbewerbsreaktionen können sie den KQ-Schätzer nicht verwenden. Diese Probleme können sie aber durch die Anwendung des Kalman-Filter-Verfahrens weitestgehend lösen (vgl. *Naik/Raman/Winer 2004*). Die Ergebnisse zeigen eine signifikante kurzfristige Effektivität sowohl des Werbe- als auch des Verkaufsförderungsbudgets für vier von fünf Marken (vgl. Abb. C-4). Hinsichtlich der Interaktionseffekte zwischen den Marketing-Mix-Budgets für Werbung und Verkaufsförderung (VKF) zeigen vier Marken negative Synergieeffekte, nur eine weist einen leicht positiven Effekt auf. Die Interaktionseffekte werden mit Hilfe eines Likelihood-Ratio-Tests als signifikant bestätigt.

Auch Naik/Raman/Winer (2005) nutzen ihren Ansatz, um im zweiten Abschnitt des Beitrags die Ableitung optimaler Budgets vorzunehmen. Dabei gehen sie wie *Naik/Raman (2003)* von einer Performance-Zielfunktion aus. Zur Optimierung dieser Problemstellung nutzen sie einen Algorithmus mit vier Schritten für die Suche der beiden optimalen Marketing-Mix-Budgets. Die Abb. C-5 zeigt die resultierenden Empfehlungen hinsichtlich der Höhe der Budgets unter Berücksichtigung der Interaktionsterme auf. Darüber hinaus können asymmetrische Reaktionsempfehlungen auf Wettbewerbsaktionen abgeleitet werden.

Parameter	Tide	Wisk	Era	Solo	Bold
Effektivität Werbung α_i	0.35	0.33	0.13	0.10	0.35
	(0.07)	(0.11)	(0.04)	(0.03)	(0.26)
Effektivität VKF β_i	0.38	0.14	0.18	0.18	0.22
	(0.09)	(0.04)	(0.05)	(0.04)	(0.12)
Interaktion Werbung/VKF γ_i	-0.33	-0.13	0.02	-0.08	-0.35
	(-0.08)	(-0.22)	(0.06)	(-0.06)	(-0.62)
Transition Rauschen $\exp(b_i)$ b_i	-4.70	-5.21	-5.41	-6.30	--
	(-0.19)	(-0.24)	(-0.28)	(-0.38)	
Beobachtungsrauschen σ	2.96 (1.07)				
Max. Log-Likelihood LL*	-852.55				

( ) p-Werte   Quelle: Naik/Raman/Winer (2005), S. 31

- Die Werbung ist bis auf „Bold" für alle Marken (schwach) signifikant.
- Die VKF-Aktivitäten sind für alle Marken (schwach) signifikant.
- Der Interaktionsterm Werbung/VKF ist nur für „Tide" (neg.), „Era" (pos.) und „Solo" (neg.) signifikant.

Abb. C-4: Schätzergebnisse von Naik/Raman/Winer (2005)

Auch dieser neue Ansatz von *Naik/Raman/Winer (2005)* weist einige Schwächen auf. Zunächst ignoriert das Lanchester-Marktanteilsmodell Schwankungen des Marktvolumens und damit des Absatzes einer Marke, obgleich dies ein originäres Ziel der Optimierung von Budgets ist. Die Autoren zeigen, dass ihr Ansatz in ein Volumenmodell überführt werden kann, schätzen dies jedoch nicht empirisch. Ebenso fehlen Lead- und Lag-Effekte von Verkaufsförderungsmaßnahmen, die jedoch integriert werden können. Das Modell wird dadurch allerdings sehr komplex. Des Weiteren beschränkt sich der vorliegende Ansatz auf lediglich zwei Marketing-Mix-Instrumente. Die anderen Marketing-Mix-Instrumente werden vernachlässigt, obgleich sie einen erheblichen Einfluss auf die Marktanteile ausüben können. Darüber hinaus muss zukünftig noch das Problem eines Tests auf serielle Korrelation und damit potenzieller dynamischer Endogenität von Werbung und Verkaufsförderung gelöst werden. Ebenso fehlt eine Allokationsempfehlung auf Kundensegmente, Produkte oder Medien. Auch eine intertemporale Allokationsempfehlung wird nicht generiert. Dennoch adressiert der Ansatz wesentliche andere relevante Aspekte der Budgetallokation. Zunächst wird eine Empfehlung über die Höhe der Budgets der Marketing-Mix-Instrumente abgeleitet. Auch der Wettbewerb und dynamische Effekte werden explizit berücksichtigt. Zuletzt zeigt sich, dass auch mit diesem Ansatz Synergieeffekte (hier zwischen zwei Marketing-Mix-Instrumenten statt Medien) grundsätzlich gut berücksichtigt werden können.

Trotz der substanziellen Schwächen der beiden zuletzt vorgestellten Ansätze sind die potenziellen Einsatzmöglichkeiten zur Lösung des Problems der Budgetallokation - auch unter Einbezug der Budgets für Direktmarketing - enorm. Die Ansätze zeigen ein erweitertes, potenziell gut geeignetes Instrumentarium auf, das Forschern wie Managern bei der Lösung der Frage nach besseren Allokationsmöglichkeiten für Kommunikationsbudgets helfen kann. Es ist jedoch festzuhalten, dass die Allokation von Budgets auf Direktmarketing-Instrumente und klassische Medien bislang in der Forschung unbeachtet geblieben ist. Die hier vorgestellten Ansätze sind zwar grundsätzlich generischer Struk-

	Werbung (wöchentliche Sehmöglichkeiten in Minuten)			Promotion Durchschnittlicher Deal in Cents		
Marke	Aktuell	Optimal		Aktuell	Optimal	
Tide	18.0	25.6	Alle Marken: Werbung erhöhen	62	0	Senken
Wisk	6.2	24.9		44	0	Senken
Era	9.9	20.6		37	47	Erhöhen
Solo	8.8	20.6		39	47	Erhöhen
Bold	3.3	18.6		23	2	Senken

Quelle: Naik/Raman/Winer (2005), S. 31

- Alle Marken werben im Vergleich zum ermittelten Optimum zuviel.
- Die starken Marken machen zuviel Promotion, die kleineren teilweise zu wenig.

Abb. C-5: Empfehlungen von Naik/Raman/Winer (2005)

tur und übertragbar, eine Anwendung auf Direktmarketing-Allokationsfragen steht jedoch noch aus.

Den Fragestellungen des Direktmarketing, bei denen die individuelle Kundenorientierung im Vordergrund steht, kommt der Beitrag von *Krafft/Albers (2000)* dagegen ein gutes Stück näher. Diese Autoren übertragen den Optimierungsansatz von *Albers (1998)* für die Allokation von Ressourcen auf die Kundenebene bzw. einzelne Kundensegmente:

$$(10) \quad x_k = \frac{d_{k,t-1} * U_{k,t-1}^{opt} * \varepsilon_{k,t-1}^{opt}}{\sum_{m \in K} d_{m,t-1} * U_{m,t-1}^{opt} * \varepsilon_{m,t-1}^{opt}} * R \ (k \in K)$$

Dabei werden k = 1, ..., K Kunden(segmente) als Allokationseinheiten betrachtet, x_k ist das zu bestimmende Marketingbudget je Kunde bzw. Segment, d_k der Deckungsbeitrag des k-ten Kunden und $\varepsilon_{k,t-1}$ die Elastizität beim k-ten Kunden aus der Vorperiode t-1. Wie zuvor bereits bei *Albers (1998)* angeführt, können die Elastizitäten relativ simpel aus der Vorperiode geschätzt werden. Im Direktmarketing, wo besonders viele individuelle Kundendaten in Datenbanken vorliegen, können diese Elastizitäten sogar statistisch gut geschätzt werden. Dies wird von Unternehmen aus dem Versandhandel, von Direktbanken und Telekommunikations-Dienstleistern bereits oft durchgeführt.

Krafft/Albers (2000) übertragen diesen Ansatz jedoch nicht nur auf die Kundenebene, sondern sie erweitern ihn gleichzeitig bezüglich der Berücksichtigung von Instrumenten. Dabei greifen sie auf die Erkenntnisse von *Dorfman/Steiner (1954)* zurück, nach dem die Verteilung eines gegebenen Budgets im relativen Verhältnis der Elastizitäten erfolgen sollte. Das Kundenbudget x_k ist demnach so aufzuteilen, dass die Relation des Budgetanteils von x_i an x_k dem Verhältnis seiner Elastizität ε_i an der Summe aller Instrumenteelastizitäten entspricht:

$$(11) \quad x_i = \frac{\varepsilon_{i,t-1}}{\sum_{j \in I} \varepsilon_{j,t-1}} * x_k \ (i \in I)(k \in K)$$

Die Formeln (10) und (11) werden nun integriert, um die optimale Verteilung eines Gesamtbudgets auf Kunden und Instrumente ermitteln zu können:

$$(12) \quad x_k = \frac{d_k * U_{k,t-1} * \varepsilon_{i,k,t-1}}{\sum_{j \in I} \sum_{m \in K} d_m * U_{m,t-1} * \varepsilon_{j,m,t-1}} * R \quad (i \in I)(k \in K)$$

Dabei ist ε_{ik} die Budgetelastizität des i-ten Instruments beim k-ten Kunden(segment). Sie kann analog zu (6) relativ einfach bestimmt werden.

Als Ergebnis der Prüfung dieses Ansatzes lässt sich festhalten, dass die Autoren den Ansatz von *Albers (1998)* insbesondere im Hinblick auf die Allokation über Kundensegmente und andere Marketing-Mix-Instrumente erfolgreich erweitert haben. Die Allokation eines Budgets über verschiedene Medien ließe sich eventuell darstellen, wenn man die Allokation über Marketing-Mix-Instrumente als verschiedene Medien interpretiert. Eine Empfehlung über die Gesamthöhe des Kommunikationsbudgets wird nicht generiert. Ebenso wird auch keine intertemporale Allokationsempfehlung abgeleitet, da es sich analog zu *Albers (1998)* um ein einperiodiges Modell handelt. Der Wettbewerb kann über die Verwendung von Kreuzelastizitäten berücksichtigt werden, wie auch dynamische Effekte über die Verwendung langfristiger statt kurzfristiger Elastizitäten integriert werden könnten. Die Berücksichtigung von Synergieeffekten scheint analog zu *Albers (1998)* bedingt möglich.

Nach der Darstellung und Prüfung der ersten vier „State-of-the-Art"-Allokationsansätze aus dem klassischen Bereich lässt sich konstatieren, dass die Ansätze jeweils nur ausgewählte Kriterien der Budgetallokation adressieren. Sämtliche vorgestellten Ansätze vernachlässigen jeweils andere wesentliche Einflussgrößen. Keiner dieser Ansätze leitet Empfehlungen zur intertemporalen Allokation der Budgets ab. Deshalb wird nachfolgend mit der Studie von *Naik/Mantrala/Sawyer (1998)* ein aktueller Beitrag zu dieser Fragestellung herangezogen.

II. Intertemporale Allokation

Nach den ersten Veröffentlichungen von *Strong (1977)*, *Zielske/Henry (1980)* und *Katz (1980)* haben sich bereits zahlreiche Autoren mit der Frage der Optimierung der Budgetallokation für das Kommunikations-Mix über verschiedene Perioden hinweg beschäftigt. Grundsätzlich werden zwei potenzielle intertemporale Budgetstrategien unterschieden, die beide in der Praxis zu beobachten sind: die kontinuierliche Werbung und die so genannte Pulsing-Strategie. Bei der Pulsing-Strategie erfolgt ein fortwährender Wechsel zwischen intensiven und reduzierten Werbeaktivitäten. Die ersten Modelle waren meistens einfach gehalten und konnten deshalb keine Empfehlung generieren, welche der beiden Strategien unter welchen Bedingungen Erfolg versprechender erscheint. Die meisten Modelle arbeiteten mit einem Werbekapitalstock und konkaven bzw. S-förmigen Reaktionsfunktionen, um die Beziehung zwischen Budget und Bekanntheit des beworbenen Produkts abzubilden. Diese Modelle sind jedoch zu kritisieren, da Reaktionsfunktionen mit einer Single-State-Variablen (z.B. verzögerte Bekanntheit) nie eine Pulsing-Strategie als optimal empfehlen können (vgl. *Hartl 1987*). Ebenso wurde dies für den Fall der Unterstellung einer konkaven Reaktionsfunktion für den Zusammenhang zwischen Absatz bzw. Awareness und dem Budget als Input nachgewiesen. Ein schneller Wechsel zwischen intensiven und reduzierten Phasen des Budgeteinsatzes ist lediglich optimal, wenn S-förmige Verläufe unterstellt werden (z.B. *Sasieni 1971, Mahajan/Muller 1986*). Allerdings erfolgt der von diesen Modellen empfohlene Wechsel zwischen den Phasen so schnell, dass de facto von einer kontinuierlichen Werbung gesprochen werden kann (*Feinberg 1992, Naik/Mantrala/Sawyer 1998*). *Simon (1982)* hat ebenfalls die Erfolgswirksamkeit einer Pulsing-Strategie untersucht, wobei der empirische Nachweis für die verwendete Modellspezifikation allerdings als begrenzt anzusehen ist. Darüber hinaus weisen sowohl *Simon (1982)* als auch *Mesak (1992)* darauf hin, dass ihre Modelle keinen Aufschluss über die Dauer der jeweiligen Werbe- und Ruhephasen geben.

Um diese Frage besser beantworten zu können, müssen verschiedene Effekte in der Modellierung berücksichtigt werden. Ausgangspunkt dieser beobachteten Effekte ist beispielsweise eine sich im Zeitablauf verändernde Effektivität der Werbung. So kann sich die Effektivität einer Werbung bzw. deren Qualität verändern, wenn entweder das Motiv an Attraktivität in der Zielgruppe verliert (zu diesem Phänomen des Copy Wearout vgl. auch *Calantone/Sawyer 1978, Grønhaug/Kvitastein/Grønmo 1991*) oder sich das Motiv durch zu viele Einsätze in der Zielgruppe abnutzt (auch Repetition Wearout genannt, vgl. *Corkindale/Newall 1978, Pechmann/Stewart 1990*). Dabei kann ein gegenläufiger Effekt nach einer längeren Ruhepause der Werbung eintreten (zu dieser Ad Quality Restoration vgl. *Grass/Wallace 1969, Calder/Sternthal 1980*), weil die Zielgruppe nach einer längeren Pause die Motive und Aussagen zunehmend vergisst und ihnen anschließend wieder einen höheren Neuigkeitsgrad zuspricht.

Naik/Mantrala/Sawyer (1998) integrieren diese Effekte in ihr Modell. Ausgehend vom Nerlove-Arrow-Modell (*Nerlove/Arrow 1962*) wird zunächst die in diesem Modell vorgesehene Vergessensrate μ genutzt, um einen dynamischen Verfall des Bekanntheitsgrads A über die Zeit gemäß (13) abzubilden. Mit u(t) wird das Budget der Periode in Geld oder GRPs („gross rating points") gemessen, und q ist der im Nerlove-Arrow-Modell konstante Wirkungsparameter des Werbebudgets.

(13) $\quad \dfrac{\partial A}{\partial t} = qu(t) - \mu A$

Die Autoren erweitern das ursprüngliche Nerlove-Arrow-Modell in mehrfacher Hinsicht. Zunächst wird der Wirkungsparameter q nicht mehr über die Zeit konstant gehalten, sondern als Funktion der Zeit t und der dynamischen Ausprägung der Werbespendings u(t) definiert: q=q(t, u(t)). Die dynamische Werbewirkung sinkt dabei mit zunehmender Dauer einer Kampagne. Die Qualität erholt sich dagegen im Niveau, wenn längere Zeit nicht geworben wurde. Das Modell wird nun durch zwei Differentialgleichungen bestimmt, wovon Formel (14) die Entwicklung der Bekanntheit beschreibt und Formel (15) die Entwicklung der Werbewirkungsqualität (14-16).

(14) $\quad \dfrac{\partial A}{\partial t} = qg(u) - \mu A$

Direktmarketing und klassische Medien: State-of-the-Art in der Budgetallokation

(15) $\quad \frac{\partial q}{\partial t} = -a(u)q + (1 - I(u)) * \mu * (1-q)\ $ mit $I(u) = \begin{cases} 1\ wenn\ u \neq 0 \\ 0\ wenn\ u = 0 \end{cases}$

(16) $\quad a(u) = c + wu(t)$

In der ersten Gleichung zur Entwicklung der Bekanntheit (14) stellt g(u) die Werberesponsefunktion dar mit g(u)≥0 für u≥0. Diese Funktion kann linear, konkav oder S-förmig sein. Der Term qg(u(t)) bezeichnet somit die unmittelbare Wirkung der Werbung. In Gleichung (15) für die Entwicklung der Werbequalität nimmt die Qualität ab, sofern I(u)=1 ist, d.h. wenn Werbespendings getätigt werden (u≠0). Der Term –a(u)q wird in diesem Falle negativ.

Die Autoren schätzen das Modell mit Hilfe des Kalman-Filters. *Naik/Mantrala/Sawyer (1998)* weisen für zwei Anwendungsfälle, jeweils ein Milchschokoladen- und ein Cornflakes-Produkt, zwei der in das Modell integrierten dynamischen Werbewirkungseffekte empirisch nach: Sowohl der Copy-Wearout- als auch Ad Restoration-Effekt sind in beiden Fällen signifikant. Nur der Repetition-Effekt lässt sich nicht nachweisen, weshalb die finalen Modelle ohne diese Erweiterung geschätzt werden. Das vorgestellte erweiterte Modell

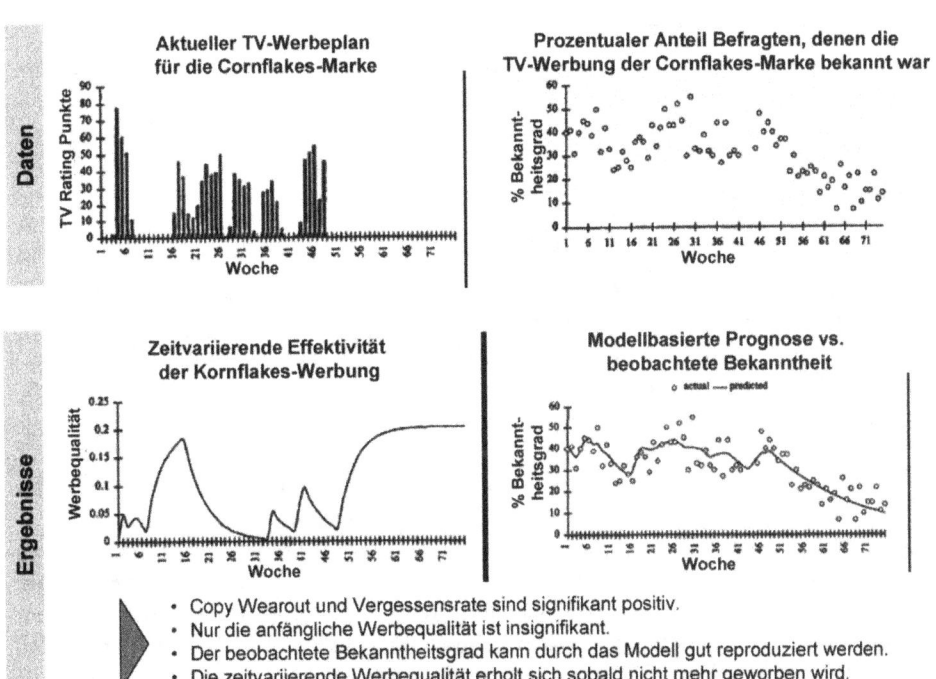

Quelle: Eigene Erstellung, Tabellen und Grafiken in Anlehnung an Naik/Mantrala/Sawyer (1998), S. 221, 223 und 224

Abb. C-6: Daten und Ergebnisse der Kalman-Filter Schätzung von *Naik/Mantrala/Sawyer (1998)* für die Cornflakes-Marke

ist allen anderen (linearen) klassischen Modellen im direkten empirischen Vergleich überlegen (*Naik/Mantrala/Sawyer 1998*, S. 225). Die Abb. C-6 fasst die Ergebnisse für den Cornflakes-Anwendungsfall zusammen.

Im zweiten Teil ihres Beitrags ermitteln *Naik/Mantrala/Sawyer (1998)* die optimale Werbestrategie mit Hilfe eines Genetischen Algorithmus. Abb. C-7 zeigt die besten Lösungen beispielhaft für das Cornflakes-Produkt. Es wird noch einmal deutlich, dass sich die Ergebnisse deutlich von denen der statischen Modelle unterscheiden, die für alle unterschiedlichen Mediapläne ein identisches Ergebnis unabhängig von der jeweiligen Pulsing-Strategie zeigen.

Beste generierte Mediapläne für die Cornflakes-Marke

Plan	$J(I_t)$	Pulsierende Mediapläne für die Kornflakesmarke I_t
A	6,116.53	0000 0000 0000 0001 1100 0000 0001 0001 1000 1000 0110 0001 0001 0000 0100 1110 0100 0000 101
B	5,975.57	0000 0000 0100 0000 0000 0000 1001 0001 1000 1000 0110 0001 0001 1011 0000 0110 0100 0100 101
C	5,938.37	0000 0110 0000 1001 0001 0001 1001 0001 1000 1000 0110 0001 0001 0000 0001 0100 0010 0000 101

- Das Budget B (in GRP) ist gegeben, gesucht wird die maximale Awareness $J(I_t)$ über die Zeit, wobei die Spendings je Periode nur zwischen on/off variieren.
- Mit Hilfe von genetischen Algorithmen wird ausgehend von mehreren Startszenarien der Lösungsraum durchsucht.
- Die generierten „optimalen" Mediapläne sind dem durchgeführten Plan deutlich überlegen.
- Das klassische Nerlove-Arrow-Modell weist für alle Pläne ein identisches Ergebnis in Höhe von 1,894.25 aus. Der Plan kontinuierlicher Werbung erreicht ein Ergebnis in Höhe von 974.22.

Quelle: in Anlehnung an Naik/Mantrala/Sawyer (1998), S.230

Abb. C-7: Ergebnisse der Optimierung für das Cornflakes-Produkt

Naik/Mantrala/Sawyer (1998) bieten mit diesem Modell ein verbessertes Konzept zur Schätzung von dynamischen Werbewirkungsmodellen und zur intertemporalen Optimierung von Mediaplänen. Allerdings ist kritisch anzumerken, dass sowohl Wettbewerbsaspekte als auch der Einfluss von weiteren Marketing-Mix-Instrumenten bzw. Medienbudgets unberücksichtigt bleiben. Eine Allokation auf Kundensegmente, Produkte oder andere Medien wird nicht berücksichtigt. Ebenso wird auch keine Empfehlung über die Höhe des Budgets abgeleitet. Obgleich dynamische Effekte explizit berücksichtigt werden, werden Synergieeffekte in die Optimierung nicht integriert.

Zusammenfassend lässt sich daher festhalten, dass bereits vielfältige Ansätze zur optimalen Allokation begrenzter Ressourcen im Marketing existieren. Sämtliche Ansätze eignen sich in jeweils unterschiedlicher Weise für die Übertragung auf Allokationsentscheidungen im Direktmarketing, und zwar sowohl für die Allokation eines Budgets auf verschiedene klassische und Direktmarketing-Instrumente bzw. –medien als auch für die intertemporale Allokation eines Budgets für ein Direktmarketinginstrument. Uns sind jedoch keine Ansätze bekannt, die beide Allokationsentscheidungen simultan berücksichtigen. Bis auf den Ansatz von *Krafft/Albers (2000)* gehen zudem alle vorgestellten Ansätze von der Makroebene aus.

Im nachfolgenden Abschnitt werden zwei Modellansätze zur Allokation von beschränkten Ressourcen aus dem Direktmarketing vorgestellt. In diesen Modellen werden verschiedene Aspekte der hier vorgestellten Ansätze berücksichtigt. So basieren sowohl die Allokationsentscheidungen für Kundensegmente als auch die intertemporale Verteilung der Verteilung je Kundensegment auf den jeweils ermittelten Responseelastizitäten, was im ersten Modell in Abschnitt D. gezeigt wird. Im erweiterten zweiten Modell werden zugleich auch Mitbewerber explizit in diesen Allokationsentscheidungen berücksichtigt. Aus der anschließenden Gegenüberstellung der Ansätze wird deutlich, inwiefern die in Abschnitt C. vorgestellten Ansätze aus dem vorwiegend klassischen Bereich insbesondere die beiden nachfolgenden Modelle sinnvoll ergänzen könnten.

D. Dynamische Allokationsmodelle im Direktmarketing

Seit der ersten Veröffentlichung zur Responsemodellierung von *Cullinan (1977)* ist das Interesse von Marketing-Forschern an den Problemstellungen des Direktmarketing zunächst langsam gewachsen. In den letzten Jahren, mit zunehmender Verfügbarkeit von großen Datenbanken mit millionenfachen kundenindividuellen Transaktionen und entsprechender Analysesoftware bzw. adäquaten statistischen Verfahren, ist auch das Interesse der Forscher exponentiell gestiegen. *Krafft/Peters (2005)* teilen die Entwicklung der Forschung auf diesem Gebiet in drei Phasen ein:

1. der Responsemodellierung für einzelne Kampagnen mit (fortgeschrittenen) Verfahren,
2. der Gewinnmaximierung und Anwendung neuer Methoden für einzelne Kampagnen,
3. der dynamischen Optimierung über definierte/rollierende Planungshorizonte.

Durch die Analysen der ersten Phase werden die Grundlagen für die jeweils nachfolgenden Kategorien von Arbeiten gelegt. Die Studien des Typs 2 beschäftigen sich mit der bestmöglichen Allokation von knappen Ressourcen auf Kunden(segmente). Der neueste Trend sind die Verfahren des dritten Typs. Sie integrieren sowohl die Allokation von knappen Ressourcen auf Kunden(segmente) als auch die intertemporale Allokation über verschiedene Zeitabschnitte des Planungshorizonts. Die erste Publikation dieses Typs stammt von *Bitran/Mondschein (1997) (vgl. Krafft/Peters 2005)*. Die bedeutenden Studien dieser Aufstellung haben zum Teil einen erheblichen finanziellen Erfolg verzeichnet und sind in der Folge mit hochkarätigen wirtschaftswissenschaftlichen Preisen ausgezeichnet worden. So wurde der Beitrag von *Campbell et al. (2001)* mit dem Franz-Edelman-Award ausgezeichnet, der Beitrag von *Elsner/Krafft/Huchzermeier (2003)* mit dem zweiten Platz diesen Preises und der Beitrag von *Elsner/Krafft/Huchzermeier (2004)* mit dem ersten ISMS Practice Prize. Nachfolgend sollen die letzten beiden Modelle stellvertretend für die dynamischen Allokationsmodelle des Direktmarketing vorgestellt werden. Anschließend werden die Ansätze mit denen der klassischen Modellierung aus Abschnitt C verglichen.

Die traditionellen Optimierungsansätze des zweiten Typs beschränkten sich noch auf die Optimierung einzelner Kampagnen, d.h. der optimalen Allokation eines festgelegten Budgets auf die zur Auswahl stehenden Kunden(segmente). Dabei galt in der Regel die Vorgabe, dass für jede Kampagne nur diejenigen Kunden(segmente) berücksichtigt werden sollten, bei denen der erwartete Grenzerlös größer ist als die Grenzkosten des Katalogversands. (z.B. *Bult 1993*; *Bult/Wansbeek 1995*). *Elsner/Krafft/Huchzermeier (2003, 2004)* zeigen jeweils, dass die Anwendung dieser kurzfristigen Optimierungsregel nicht zum mittel- bzw. langfristigen Gewinnmaximum des Unternehmens führt. Im Gegenteil resultiert die konsequente Anwendung dieser Regel in einem strukturellen Rückgang der gesamten Kundenbasis des Unternehmens, wenn nicht regelmäßig neue Adressen hinzugefügt werden. Das Gewinnen neuer Kunden ist jedoch in der Regel teurer als die Bindung aktueller Kunden (vgl. *Krafft 1999* sowie dort zitierte Literatur). Die Ansätze von *Elsner/Krafft/Huchzermeier (2003, 2004)* basieren auf dieser grundlegenden Erkenntnis. Sie greifen daher die erfolgskritischen Fragen eines Direktmarketing-Unternehmens simultan auf:

(a) die optimale Anzahl von Direktmarketing-Kampagnen im Planungszeitraum,
(b) der optimale Umfang jeder dieser zu planenden Kampagnen und
(c) die Auswahl der Kunden für jede einzelne Kampagne, um die Kundenbasis, den Umsatz und Gewinn im Planungszeitraum zu maximieren.

Das Unternehmen Rhenania, für das dieses Modell erstmals entwickelt wurde, befand sich zu Beginn des Forschungsprojekts in ernsthaften wirtschaftlichen Schwierigkeiten. Es wendete die klassische kurzfristige Optimierungsregel, wonach die Grenzerlöse des letzten Kunden den Grenzkosten der einzelnen Kampagne entsprechen sollten, bereits seit einem längeren Zeitraum durchgehend an. Dies führte zu einer Erosion der Kundenbasis. Das Modell „Dynamic MultiLevel Modelling" (DMLM) behob diese Schwächen systematisch. Die Zielfunktion dieses Ansatzes ist die dynamische, mehrperiodige Gewinnfunktion P für einen mittleren Planungshorizont, der hier mit einem Jahr festgelegt wurde. Die Länge des Planungshorizonts bleibt jedoch grundsätzlich dem jeweiligen Anwender überlassen. Die Gewinnfunktion berücksichtigt die Anzahl n und das Volumen v aller geplanten Kampagnen im Planungszeitraum. Im Fall von Rhenania handelte es sich hier um bis zu einer Million Kataloge je Mailing-Kampagne und bis zu 20 Kampagnen dieser Art pro Jahr. Zusätzlich wurde berücksichtigt, dass sich der Wert eines jeden Kunden(segments) für Rhenania unterschiedlich darstellen kann. Rhenania klassifizierte die Kunden mit einer höheren Adressqualität, einer kürzeren Frist seit der letzten Bestellung (Recency) und einem höheren durchschnittlichen Bestellvolumen (Montary Value) als hochwertigere Kunden ein. Diese Kunden besitzen statistisch gesehen eine höhere Wahrscheinlichkeit für eine erneute Bestellung als Kunden mit niedrigeren Ausprägungen für diese Merkmale. Diese Werte variieren jedoch innerhalb der Kundenbasis zwischen individuellen Kunden sehr stark, so dass Rhenania bezüglich dieser bedeutenden Kriterien eine angemessene Kundensegmentierung durchgeführt hatte. Das Modell DMLM basiert auf dieser Kundensegmentierung. Die Abb. D-1 zeigt die drei Stufen dieses Ansatzes. Die erste Stufe löst die Fragestellung hinsichtlich der gewinnmaximalen Anzahl der Kampagnen im Planungszeitraum. Auf der zweiten Stufe wird der Umfang einer jeden einzelnen Kampagne optimiert. Die dritte Stufe beinhaltet eine Micro-Segmentierung, auf der die jeweiligen Kunden(segmente) ausgewählt werden, die für jede einzelne Kampagne zu berücksichtigen sind. Die letzten beiden Stufen sind hoch interdependent und erfordern gegebenenfalls mehrere Iterationen, bevor die Lösung zum Optimum konvergiert.

Direktmarketing und klassische Medien: State-of-the-Art in der Budgetallokation

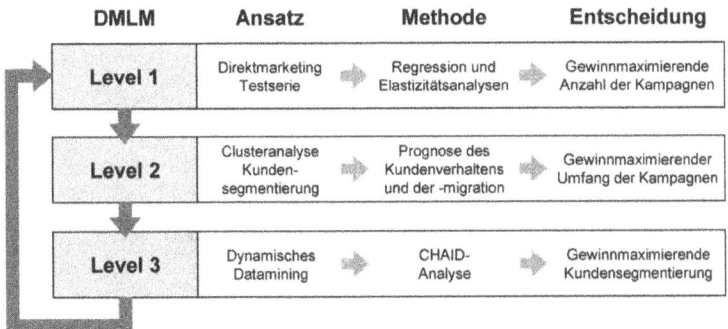

Quelle: in Anlehnung an *Elsner/Krafft/Huchzermeier (2004)*, S. 195 und *Krafft/Peters (2005)*, S. 31

Abb. D-1: Level des DMLM

Besonders wichtig ist hier die Prognose des zukünftigen Kundenverhaltens hinsichtlich der Bestellresponse und des damit verbundenen Bestellvolumens bei einer veränderten Direktmarketingaktivität. Deshalb wird im Level 1 dieses Reaktionsverhalten mit zwei Elastizitäten je Kundensegment gemessen: der Elastizität der Responsequote ε_r und der des durchschnittlichen Bestellvolumens ε_a bezüglich zusätzlich versendeter Mailings bzw. Kataloge (vgl. *Elsner 2003*, S. 154 für Details). Im vorliegenden Fall von Rhenania wurden diese beiden Elastizitäten mit Testserien über einen Zeitraum von zwei Jahren ausführlich getestet. Die Elastizitäten aus den Testserien wurden anschließend genutzt, um die gewinnmaximale Anzahl von Kampagnen im Planungszeitraum zu bestimmen. Die Abb. D-2 zeigt die optimale Anzahl von 25 Katalogmailings pro Jahr.

Auf der zweiten Stufe wird, basierend auf den Ergebnissen der ersten Stufe, für jedes der 25 Katalogmailings das jeweilige optimale Volumen v bestimmt. Dabei wird ausgehend von den drei einfach gebildeten Segmenten ein Markov-Ketten ähnlicher Prozess unterstellt. Nach jedem Mailing entscheidet sich der Kunde, ob er eine Bestellung tätigt. Gibt er eine Bestellung auf, so wandert er automatisch wieder in das Segment 1. Bestellt der Kunde über einen hinreichend langen Zeitraum nicht, obgleich er regelmäßig Katalogmailings erhält, so wandert er nach Ablauf der die Segmente trennenden Frist in das jeweils darunter liegenden Segment. Abb. D-3 zeigt diesen Prozess. *Elsner/Krafft/Huchzermeier (2003)* zeigen, dass innerhalb des Planungszeitraums auch Kunden der Segmente 2 und 3 regelmäßig in die Allokation der knappen Ressourcen einbezogen werden müssen, um eine gewinnmaximale Allokation der Mittel zu erreichen. Dies ist darauf zurückzuführen, dass sowohl Skaleneffekte bei den Kosten als auch zusätzliche Grenzerlöse mittelfristig die kurzfristigen Verluste überkompensieren. Diese Erkenntnis ist jedoch nur auf den ersten Blick wirklich überraschend. Mailings an nahezu inaktive Kunden führen zu niedrigeren Kosten pro Mailing für alle Kunden. Sie führen ebenso zu einer teilweisen Reaktivierung

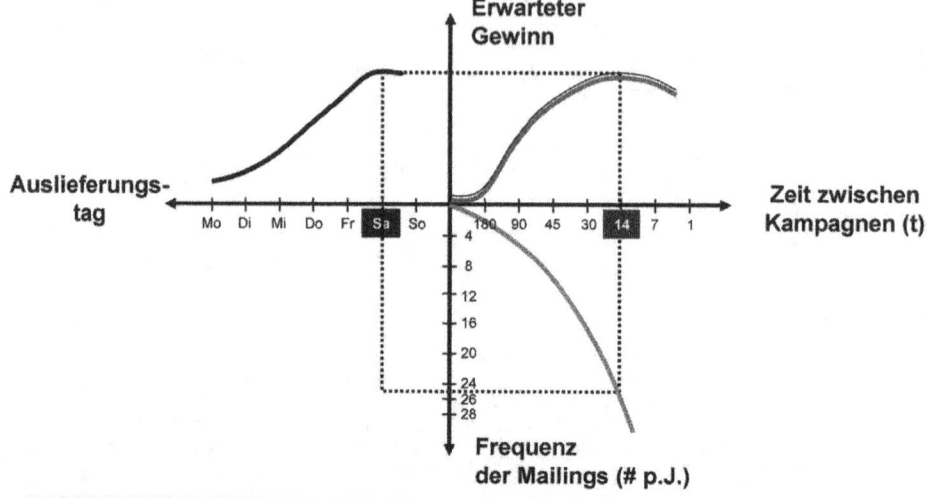

Die Testserien ergaben den Samstag als optimalen Auslieferungstag mit der höchsten Response. Ein Katalogmailing alle 14 Tage ist optimal zur Maximierung der Response und des Bestellwerts. Wird Weihnachten als Feiertag berücksichtigt, so ergeben sich 25 Mailings als optimale Frequenz pro Jahr.

Quelle: in Anlehnung an *Elsner/Krafft/Huchzermeier (2003)*, S. 58 und *Krafft/Peters (2005)*, S. 32

Abb. D-2: Gewinnmaximaler Auslieferungstag und Frequenz

dieser Kunden für das Unternehmen Rhenania. So wird denn auch über einige Berechnungen ein kritischer erwarteter Mindestbestellwert s^* ermittelt. Dieser Wert beschreibt den Mindestwert des Umsatzes je Kunde, Segment und Kampagne für jede der geplanten 25 Kampagnen. Dieser Wert ist eine Funktion der optimalen Anzahl der Kampagnen, des erwarteten Bestellwerts je Kunde in Segment 1, der Responsequote sowie der Grenzkosten der Mailingaktivitäten im niedrigsten Kundensegment 3. s^* ist somit ein Ergebnis der Abwägung zwischen den Erlösen und Kosten über alle Segmente sowie den gesamten Planungshorizont. Für Kunden des schlechtesten Segments 3 waren im ermittelten Optimum die Grenzkosten einer Berücksichtigung im nächsten Mailing konsistent höher als der erwartete Grenzerlös.

Im Level 3 erfolgt eine Mikrosegmentierung der Kunden. Die drei groben Segmente mit zusammen 600.000 Kunden auf der ersten Ebene werden nun in kleinere Gruppen aufgespalten, wovon einige lediglich 500 Kunden enthalten. Mit Hilfe der CHAID-Analyse werden nun alle möglichen Prediktoren in die Segmentierung einbezogen. Dazu zählen die gesamte Transaktions-, Kontakt- und Mailinghistorie der Kunden sowie die Kundenstammdaten mit den demographischen und verhaltensorientierten Daten. Für jedes generierte Subsegment wird dann geprüft, ob seine Mitglieder den kritischen Bestellwert s^* überschreiten. Die erwarteten Bestellwerte werden dabei aus der kundengruppenspezifischen Historie abgeleitet. Durch diese Analyse kann jedes Segment der regulären Mailingaktivität, einem speziellen Reaktivierungsmailing oder auch keiner Aktivität zugeordnet werden. Jedes Segment, das durch diese Analyse komplett ausgeschlossen wird, wird bei der nächsten Iteration auf der Stufe 2 zur Bestimmung des optimalen Volumens einer Kam-

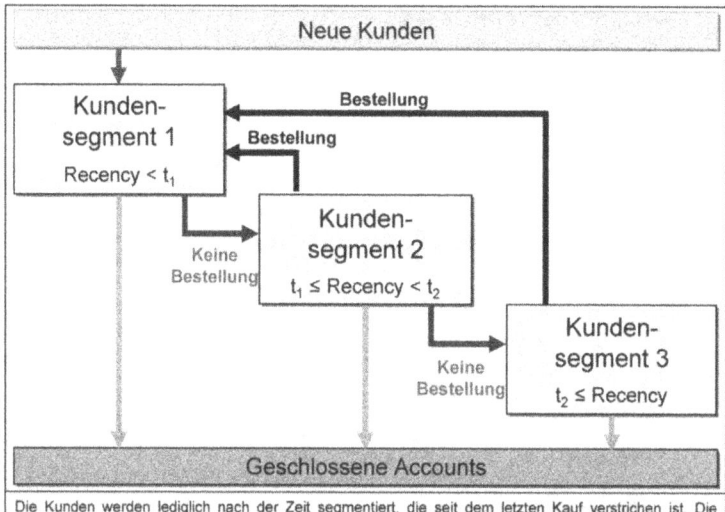

Quelle: in Anlehnung an *Elsner/Krafft/Huchzermeier (2004)*, S. 196 und *Krafft/Peters (2005)*, S. 33

Abb. D-3: Kundensegmente und Kundenmigrationspfade im DMLM

pagne v und dem kritischen Bestellwert s^* nicht in der Kalkulation berücksichtigt. Sonst würde der kritische Wert s^* systematisch nach unten bzw. die optimale Größe von Kampagnen v nach oben verzerrt werden. Die hohe Interdependenz der beiden Stufen führt zu einigen Iterationen, bevor die Lösung für den Planungszeitraum konvergiert. Die Ergebnisse des Level 1 sind hingegen von Beginn über den Planungszeitraum relativ stabil.

Die Einführung des DMLM führte zu einem Turnaround des Unternehmens Rhenania (vgl. *Elsner 2003*, S. 233). Nachdem es sich zu Beginn im unteren Top Ten Bereich der Branche befunden und erhebliche wirtschaftliche Probleme hatte, wendete sich mit der Einführung des DMLM das Schicksal zu seinen Gunsten. Der Cashflow wuchs derart an, dass in Folge zwei Hauptwettbewerber aufgekauft werden konnten. Das DMLM-System wurde auch bei den beiden neuen Katalogmarken eingeführt. Jedoch zeigte sich bei allen drei Unternehmen nach einiger Zeit, dass der Effekt der Einführung von DMLM sukzessive nachließ und sich die Unternehmen auf signifikant höherem Niveau stabilisierten. Obgleich auch andere Faktoren zum Erfolg des Unternehmens beigetragen haben dürften, wurde nach Aussagen des Managements und der Branchenexperten der überwiegende Grund für den Erfolg in der Einführung von DMLM gesehen.

Das „Dynamic MultiDimensional Marketing (DMDM)"-Modell ist eine Weiterentwicklung des DMLM. Das Ziel dieses erweiterten Ansatzes ist, das Cross-Selling-Potenzial über die mittlerweile drei einzelnen Katalogmarken ebenso wie noch höhere Skaleneffekte hinsichtlich der Kosten auszuschöpfen. Die Abb. D-4 beschreibt die multiplen Kundenbeziehungen zwischen den drei Marken. Jeder Kunde kann demnach für jede

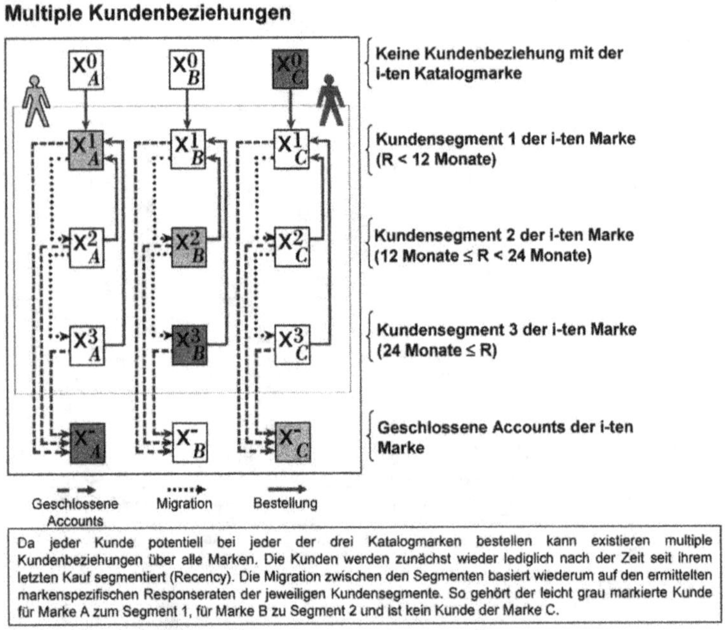

Multiple Kundenbeziehungen

Da jeder Kunde potentiell bei jeder der drei Katalogmarken bestellen kann existieren multiple Kundenbeziehungen über alle Marken. Die Kunden werden zunächst wieder lediglich nach der Zeit seit ihrem letzten Kauf segmentiert (Recency). Die Migration zwischen den Segmenten basiert wiederum auf den ermittelten markenspezifischen Responseraten der jeweiligen Kundensegmente. So gehört der leicht grau markierte Kunde für Marke A zum Segment 1, für Marke B zu Segment 2 und ist kein Kunde der Marke C.

Quelle: in Anlehnung an *Elsner/Krafft/Huchzermeier (2004)*, S. 200 und *Krafft/Peters (2005)*, S. 34

Abb. D-4: Multiple Kundenbeziehungen im DMDM-Modell

Marke zu einem unterschiedlichen Segment gehören. Jeder Kunde kann darüber hinaus verschiedene Migrationspfade innerhalb und zwischen den Marken aufweisen. Dies gilt analog für die zu ermittelnden Responsequoten.

Bei den Analysen zum DMDM erwiesen sich die markenspezifischen Elastizitäten zur Bestellresponse und dem Bestellvolumen als recht stabil. Kunden, die im negativen Sinne hoch sensitiv hinsichtlich des Erhalts eines zusätzlichen Katalogs der Marke A waren, reagierten dennoch positiv hinsichtlich weiterer 25 Kataloge der Marke B. Die Kunden schienen sich der identischen Herkunft dieser Kataloge nicht bewusst zu sein. Dies unterstreicht jedoch das Cross-Selling-Potenzial für die gesamte Rhenania-Gruppe. Da dieses Verhaltensmuster jedoch je (Sub-)Segment verschieden ausgeprägt ist, wurde eine zusätzliche globale Elastizität $\varepsilon_s(n)$ eingeführt. Diese Elastizität steuert die Obergrenze an Mailings, die ein Kunde(nsegment) über alle drei Marken hinweg erhält. Dies ist die bedeutendste Änderung im Vergleich zum DMLM.

Alle drei Marken werden auf Level 2 simultan für die Generierung des optimalen Mailingvolumens v und des kritischen Bestellwerts s^* für jede Marke berücksichtigt, um größtmögliche Skaleneffekte zu erzielen.

Die neuen Werte für s^* für jede Katalogmarke gehen analog zum DMLM in den Level 3 des DMDM ein. Die Basis der Mikrosegmentierung wird nun hinsichtlich der markenspezifischen (z.B. Kontakt- und Kaufhistorie) sowie der markenunabhängigen Kriterien (z.B. Kundenstammdaten) erweitert. Die multiplen Kundenbeziehungen sind auf der jeweiligen markenspezifischen Ebene starke Prädiktoren für das Kaufverhalten bestimmter Kunden(gruppen). Diese Erkenntnis wird von den Autoren hinsichtlich einer allgemeinen Versandhandelsaffinität interpretiert. Wie auch beim DMLM sind die Level 2 und 3 hoch interdependent. Aufgrund der höheren Komplexität der Algorithmen benötigt das DMDM ein wenig mehr Zeit zur Konvergenz.

Es konnte somit gezeigt werden, dass die multiplen Kundenbeziehungen über die drei Marken hinweg konsistent in den DMLM-Prozess integriert werden konnten. Es ist auch nicht weiter überraschend, dass sich aus dem erweiterten Wissen über das Verhalten der Kunden positive Ergebnisse für Rhenania gewinnen lassen. Die bessere Adressierbarkeit der Kunden erlaubt dem DMDM, alle im Direktmarketing wesentlichen Fragestellungen für multiple Markenbeziehungen systematisch besser zu beantworten:

(a) optimierte Kundenselektion für reguläre Mailingkampagnen einer Marke mit einer festgelegten Frequenz für jeden Kunden,
(b) optimierte Kundenselektion für spezielle Reaktivierungspakete einzelner Marken ermöglicht einen Neustart von multiplen Markenbeziehungen der Kunden.

Abb. D-5 gibt einen Überblick über den DMDM-Prozess. Das erweiterte Modell hat gegenüber dem DMLM einige Vorteile aufzuweisen:

(a) Berücksichtigung von Interdependenzen über die Marken hinweg,
(b) eine effektivere Mikrosegmentierung durch ein besseres Kundenverständnis,
(c) Skaleneffekte über multiple Marken und
(d) systematische Unterstützung für profitablere Multi-Marken-Beziehungen mit Kunden.

Die Einführung des DMDM schützte Rhenania vor dem Abwärtstrend der Branche. Gegen den Branchentrend wuchs die Gruppe aktiver Kunden im Einsatzzeitraum. Dieses Ergebnis wurde auch hinsichtlich der Gewinnentwicklung der Unternehmensgruppe erzielt (vgl. *Elsner/Krafft/Huchzermeier 2004*, S. 204, für Details).

Die beiden vorgestellten Ansätze DMLM und DMDM gehen zunächst nicht von einem festgelegten Budget aus. Die Höhe des Budgets wird aus der Abwägung zwischen zusätzlichen Erlösen und Kosten abgeleitet. Des Weiteren gelingt es durch die Mehrstufigkeit dieser Ansätze, die Fragestellungen der Segmentierung und Allokation simultan bzw. iterativ zu lösen. Die Allokation berücksichtigt somit zwei Dimensionen: die Kundensegmente und die intertemporale Verteilung der Budgets. Eine Allokation auf verschiedene Produkte ist möglich, wenn beispielsweise die Mehrmarken-Optimierung des DMDM-Ansatzes als Mehr-Produktvariante interpretiert wird. Auf diese Weise wird deutlich, dass der DMDM-Ansatz so im Gegensatz zum DMLM-Ansatz de facto auch Synergie-Effekte zwischen den Produkten berücksichtigt. Ebenso werden zu einem gewissen Grade dynamische Effekte in den beiden Ansätzen auf Kunden(segment)ebene in die Optimierung einbezogen. Alleine die Berücksichtigung mehrerer Instrumente bzw. Medien (außer Katalogen) ist in den beiden Ansätzen aktuell ebenso wenig integriert wie die Berücksichtigung von Wettbewerb.

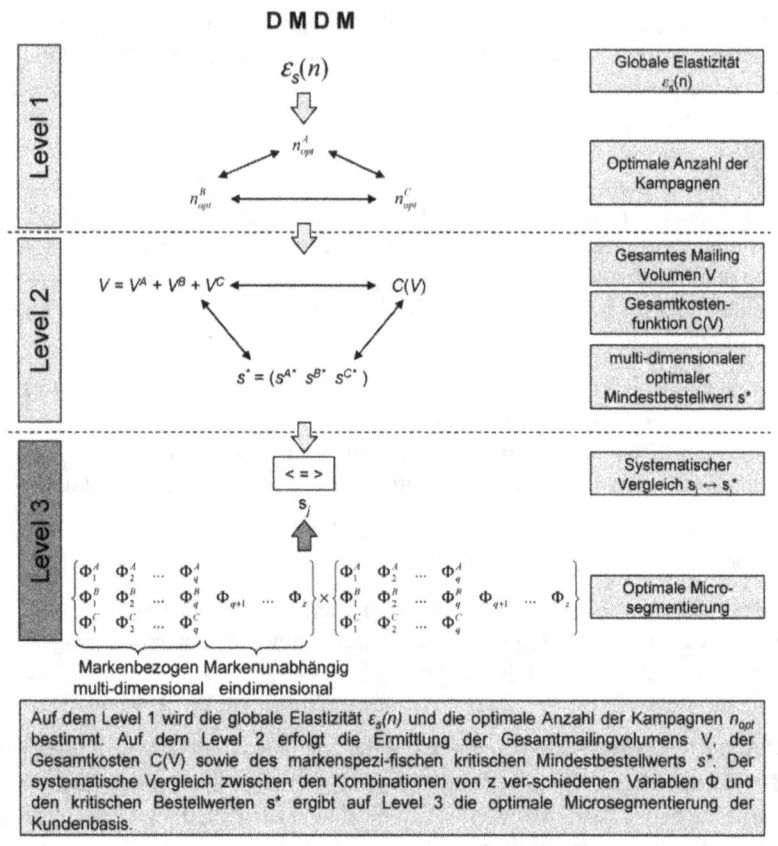

Quelle: in Anlehnung an *Elsner/Krafft/Huchzermeier (2004)*, S. 202 und *Krafft/Peters (2005)*, S. 35

Abb. D-5: Die verschiedenen Level des DMDM-Modells

E. Vergleich der Allokationsansätze und Basis für weitere Optimierungen

Nach der Vorstellung ausgewählter Ansätze aus dem klassischen Kommunikationsbereich und dem Direktmarketing sollen diese Konzepte nun anhand der zuvor definierten Kriterien systematisch miteinander verglichen werden.

Eine Empfehlung bezüglich der Budgethöhe wird sowohl von *Naik/Raman (2003)* und *Naik/Raman/Winer (2005)* im klassischen Bereich als auch von den beiden Direktmarketingansätzen in Abschnitt D. abgeleitet. Dabei ist zu beachten, dass die Direktmarketingansätze dies in einer mehrstufigen Vorgehensweise auf segmentspezifischer Entscheidungsebene durchführen. Sowohl im klassischen Bereich als auch in den Direktmarketingansätzen liegen den Empfehlungen dabei Elastizitäten zugrunde.

Eine simultane Allokation von Budgets auf Kundensegmente, Produkte und Medien kann keiner der betrachteten „State-of-the-Art"-Ansätze generieren. Diesbezüglich sind die Ansätze des Direktmarketing, insbesondere das DMDM-Verfahren am weitesten fortgeschritten. Die Regeln von *Krafft/Albers (2000)* kommen diesen Verfahren am nächsten. Es ist interessant, dass der einzige klassische Ansatz, der sich der intertemporalen Allokation eines Medienbudgets widmet, diese anderen Allokationsaspekte vollständig aus der Betrachtung ausgrenzt. Auch hier sind die Direktmarketingverfahren deutlich fortgeschrittener, da die intertemporale Allokation simultan mit der Allokation auf Kundensegmente und Produkte erfolgt. Dies wird jedoch insbesondere durch Iterationen über mehrere Modellebenen hinweg erreicht.

Die beiden vorgestellten Direktmarketing-Konzepte zeigen, dass das Vorgehen der Optimierung für den Einsatz klassischer Medien und der Optimierung im Direktmarketing sehr unterschiedlich ist. Grundsätzlich lässt sich festhalten, dass die meisten Allokationsansätze für klassische Medien bzw. des Marketing-Mix von der aggregierten Makroebene ausgehen, während die Ansätze des Direktmarketing in der Regel auf individuellen Kundendaten basieren. Die explizite Fokussierung auf einzelne Kunden scheint jedoch bei den Ansätzen im Direktmarketing zur Konsequenz zu haben, dass die Integration des Wettbewerbs meist vernachlässigt wird. Bisher lagen bezüglich fremder Kunden und der Wettbewerbsaktivitäten auch kaum aussagekräftige Informationen vor, und insbesondere nicht auf dem detaillierten Niveau der eigenen Kunden. Hier sind die klassischen Ansätze zum Teil wesentlich stärker am Wettbewerb orientiert, obgleich die neuen Direktmarketing-Paneldaten von der GfK und Nielsen hier Abhilfe schaffen können.

Den Ansätzen des Direktmarketing mangelt es oft an der Berücksichtigung weiterer Marketing-Mix-Instrumente. Dies ist unseres Erachtens auf die Herkunft dieser Modelle (Versandhandel) zurückzuführen. Meist handelt es sich bei den Versendern de facto um Handelsunternehmen mit einem größeren Sortiment, die sich fast ausschließlich auf den Katalog als Marketing-Instrument fokussieren. Somit ist die Preispolitik schwer abzubilden, und andere Marketing-Mix-Instrumente wurden bisher kaum aktiv genutzt. Dies ändert sich jedoch zunehmend durch die Multichannel-Verfügbarkeit (Bestellung über Telefon, Fax, Internet) und andere Einflussfaktoren, so dass auch hier ein zunehmender Bedarf an komplexen Modellen besteht.

Hinsichtlich der Integration der für die Allokationsempfehlung bedeutenden dynamischen und Synergie-Effekte sind bereits Fortschritte erzielt worden. Während in den Ansätzen von *Albers (1998)* und *Krafft/Albers (2000)* diese Effekte nur indirekt oder über Erweiterungen zu integrieren sind, haben *Naik/Raman (2003)* und *Naik/Raman/Winer (2005)* diese explizit berücksichtigt. Dynamische Effekte werden auch von *Naik/Mantrala/Sawyer (1998)* und den beiden Direktmarketingansätzen von *Elsner/Krafft/Huchzermeier (2003, 2004)* abgebildet. Das DMDM-Verfahren modelliert zudem die Synergieeffekte zwischen den Marken auf Kundensegmentebene zur Optimierung der Allokation von Katalogen.

Zusammenfassend lässt sich somit festhalten, dass weder im klassischen Bereich noch im Direktmarketing Ansätze existieren, die den vielfältigen komplexen Anforderungen in der Praxis umfassend gerecht werden. Explizit existiert unseres Wissens bisher kein wissenschaftliches Modell, das sowohl klassische als auch Direktmarketing-Instrumente bzw. Medien zugleich in der Allokationsentscheidung simultan berücksichtigt. Die hier vorgestellten Ansätze können diesbezüglich sicherlich jeweils in verschiedener Hinsicht erweitert werden. Dabei kann die hier vorliegende vergleichende Gegenüberstellung sicherlich erste Anregungen geben, auf welche Weise diese Erweiterungen erfolgen können. Dazu wird auch die bessere Datenverfügbarkeit über die aktuell entwickelten

Tab. E-1: Tabellarischer Vergleich der Allokationsansätze

Autor(en) (Jahr)	Empfehlung Budgethöhe	Allokation Kundensegmente	Allokation Produkte	Allokation Medien	Intertemporale Allokation	Wettbewerb	Andere Marketing-Mix-Instrumente	Dynamische Effekte	Synergie-Effekte
Albers (1998)	Nein	Segmente oder Produkte oder ggf. Medien			Nein	über Kreuzelastizitäten	Erweiterbar	Holdover; langfristige Elastizität	Bedingt möglich
Naik/Raman (2003)	Ja	Nein	Nein	Ja	Nein	Nein	Nein	Ja	Ja (Medien)
Naik/Raman/Winer (2005)	Ja	Nein	Nein	Nein	Nein	Ja	Ja	Ja	Ja (Mktg.-Mix)
Krafft/Albers (2000)	Nein	Ja	Erweiterbar	Nein	Nein	über Kreuzelastizitäten	Ja	Holdover; langfristige Elastizität	Bedingt erweiterbar
Naik/Mantrala/Sawyer (1998)	Nein	Nein	Nein	Nein	Ja	Nein	Nein	Ja	Nein
Krafft/Elsner/Huchzermeier (2003)	Ja	Ja	Nein	Nein	Ja	Nein	Nein	Ja	Nein
Krafft/Elsner/Huchzermeier (2004)	Ja	Ja	Ja (Marken)	Nein	Ja	Nein	Nein	Ja	Ja (Marken)

Quelle: Eigene Erstellung

Direktmarketing-Panel erheblich beitragen. Das Potential derartiger Direktmarketing-Paneldaten illustriert die Arbeit von Blockus/Frenzen/Krafft (2005).

F. Fazit

Die Bedeutung des Direktmarketing für die Kommunikationspolitik hat in den letzten Jahren erheblich zugenommen und das Niveau der klassischen Medien erreicht. Dies wurde im Abschnitt B. durch empirische Daten belegt. Die klassischen Ansätze zur Optimierung der Allokation von Medienbudgets werden den damit verbundenen neuen Anforderungen nur bedingt gerecht. Dies hat die systematische Überprüfung repräsentativer „State-of-the-Art"-Allokationsansätze aus dem klassischen Marketing- und Medienbereich anhand einiger als entscheidungsrelevant identifizierten Kriterien gezeigt. Für die seit 1997 parallel entwickelten dynamischen und mehrstufigen Allokationsmodelle im Direktmarketing wurden stellvertretend die Studien von *Elsner/Krafft/Huchzermeier (2003/2004)* ausgewählt und hinsichtlich dieser Kriterien beurteilt. Die beiden Ansätze aus dem Direktmarketing sind den klassischen Ansätzen hinsichtlich einiger Kriterien deutlich überlegen. Insbesondere die konsequente Orientierung an individuellen Kunden(segmenten) und die Berücksichtigung intertemporaler Aspekte auf dieser disaggregierten Ebene wird den Anforderungen der Direktmarketing-Instrumente gerecht. Allerdings haben sich auch die Ansätze des Direktmarketing stark an den eigenen Instrumenten orientiert. De facto scheint die mangelnde Berücksichtigung weiterer Marketing-Mix-Instrumente, des Wettbewerbs sowie anderer Kommunikationsmedien auf den Ursprung dieser Ansätze im Versandhandel zurückzuführen zu sein. Es zeigt sich somit, dass sich die Allokationsansätze beider Bereiche gegenseitig gut befruchten und somit wichtige Forschungslücken geschlossen werden könnten. Die zunehmende Angleichung der wettbewerbsorientierten Datenverfügbarkeit an die der klassischen Medien scheint hierfür eine viel versprechende Grundlage zu bieten.

Anmerkungen

* Die Autoren danken den Teilnehmern der Marketing-Kommissionstagung des VHB in Berlin, den Teilnehmern des Gutenberg-Treffens 2004 in Düsseldorf und Dipl.-Kfm. Heiko Frenzen für hilfreiche und konstruktive Hinweise. Wir danken ebenso dem anonymen Gutachter für wertvolle Anregungen. Dem Siegfried Vögele Institut (SVI), Königstein, gebührt zudem Dank für die finanzielle Unterstützung.

Literatur

Albers, S. (1998): Regeln für die Allokation eines Marketing-Budgets auf Produkte oder Marktsegmente, *Zeitschrift für betriebswirtschaftliche Forschung (zfbf)*, 50 (3), S. 211–235.
Bitran, G. und Mondschein, S. (1997): A Comparative Analysis of Decision Making Procedures in the Catalog Sales Industry, *European Management Journal*, 15 (2), S. 105–116.
Blockus, M., Frenzen, H., und Krafft, M. (2005): Wirkungsanalyse von Mailingaktivitäten - Konzeptionelle Grundlagen und erste empirische Befunde auf Basis des GfK Direct Marketing Panels, *dm compact*, Heft 1/2005, S. 1–35.

Bult, J.R. (1993): Semiparametric versus Parametric Classification Models: An Application to Direct Marketing, *Journal of Marketing Research*, 30 (3), S. 380–390.

Bult, J.R., und Wansbeek, T. (1995): Optimal Selection for Direct Mail, *Marketing Science*, 14 (4), S. 378–394.

Calantone, R., und Sawyer, A.G. (1978): The Stability of Benefit Segments, *Journal of Marketing Research*, 15 (August), S. 395–404.

Calder, B., und Sternthal, B. (1980): Television Commercial Wearout: An Information Processing View, *Journal of Marketing Research*, 17 (May), S. 173–186.

Campbell, D., Erdahl, R., Johnson, D., Bibelnieks, E., Haydock, M., Bullock, M., und Crowder, H. (2001): Optimizing Customer Mail Streams at Fingerhut, *Interfaces*, 32 (1), S. 77–90.

Chintagunta, P.K. (1993): Investigating the Sensitivity of Equilibrium Profits to Advertisiing Dynamics and Competitive Effects, *Management Science*, 39, S. 1146–1162.

Corkindale, D., und Newall, J. (1978): Advertising Threshold and Wearout, *MCB Publications*, Bradford, England.

Cullinan, G.J. (1977): Picking Them by Their Batting Averages' Recency - Frequency - Monetary Method of Controlling Circulation, Manual Release 2013, Direct marketing Association, New York, N.Y., USA.

Dallmer, H. (2002): Direct Marketing im Wandel, *Zeitschrift für Betriebswirtschaft*, ZfB Ergänzungsheft 1 (2002), S. 1–19.

Deutsche Post (2004): Direktmarketing Deutschland 2004 - Direktmarketing Monitor 2003, Studie 15, Bonn.

DMA (2004): Statistical Fact Book 2004, *New York, N.Y., USA*.

Dorfman, R., und Steiner, P.O. (1954): Optimal Advertising and Optimal Quality, *American Economic Review*, 44 (December), S. 826–836.

Doyle, P., und Saunders, J. (1990): Multiproduct Advertising Budgeting, *Marketing Science*, 9 (2), S. 97–113.

Elsner, R. (2003): Optimiertes Direkt- und Database-Marketing unter Einsatz mehrstufiger dynamischer Modelle, DUV, Wiesbaden.

Elsner, R., Krafft, M., und Huchzermeier, A. (2003): Optimizing Rhenania's Mail Order Business Through Dynamic Multi-Level Modeling, *Interfaces*, 33 (1), S. 50–66.

Elsner, R., Krafft, M., und Huchzermeier, A. (2004): Optimizing RHENANIA's Direct Marketing Business through Dynamic Multi-Level Modeling (DMLM) in a Multi-Catalog-Brand Environment, *Marketing Science*, 23 (2), S. 192–206.

FEDMA (2002): 2002 Survey on direct and interactive Marketing activities, Brussels, Belgium.

Feinberg, F. (1992): Pulsing policies for aggregate advertising models, *Marketing Science*, 11 (3), S. 221–234.

GfK (2004): Die harten Fakten - GfK-Direktmarketing-Panel (Direct Mail, Werbeanrufe und SMS), *Präsentation DIMA 2004 (29.09.04)*, Düsseldorf.

Grass, R., und Wallace, W.H. (1969): Satiation Effects of TV Commercials, *Journal of Advertising Research*, 9 (September), S. 3–8.

Grønhaug, K., Kvitastein, O., und Grønmo, S. (1991): factors moderating advertising effectiveness as reflected in 333 tested advertisements, *Journal of Advertising Research*, 31 (October-November), S. 42–50.

Gönül, F.F., und Shi, M.Z. (1998): Optimal Mailing of Catalogs: A New Methodology Using Estimable Structural Dynamic Programming Models, *Management Science*, 44 (9), S. 1249–1262.

Hamilton, J.D. (1994): Time Series Analysis, Princeton University Press, Princeton, N.J.

Hartl, R.F. (1987): A simple proof of the monotonicity of the state trajectories in autonomous control problems, *Journal of Econometric Theory*, 41, S. 211–215.

Harvey, A.C. (1994): Forecasting, Structural Time Series Models and the Kalman Filter, Cambridge University Press, New York.

Hruschka, H., Baumgartner, B., und Semmler, M. (2003): Wirkungsmessung und Allokation von Katalogen in Versandhandel und Direktmarketing: Katalogversand an Sammelbesteller, *Zeitschrift für Betriebswirtschaft*, 73 (1), S. 7–23.

Jain, D.C., und Rao, R.C. (1990): Effect of Price on the Demand for Durables: Modeling, Estimation and Findings, *Journal of Business and Economic Statistics*, 8, S. 163–170.

Katz, W.A. (1980): A sliding schedule of advertising weight, *Journal of Advertising Research*, 20 (August), S. 39–44.

Kestnbaum, R.D., Kestnbaum, K.T., und Ames, P.W. (1998): Building a Longitudinal Contact Strategy, *Journal of Interactive Marketing*, 12 (1), S. 56–62.

Krafft, M. (1999): Der Kunde im Fokus: Kundennähe, Kundenzufriedenheit, Kundenbindung - und Kundenwert?, *Die Betriebswirtschaft*, 59. Jg., S. 511–530.

Krafft, M., und Albers, S. (2000): Ansätze zur Segmentierung von Kunden - Wie geeignet sind herkömmliche Konzepte?, *Zeitschrift für betriebswirtschaftliche Forschung (zfbf)*, 52 (9), S. 515–537.

Krafft, M., und Peters, K. (2005): Empirical Findings and Recent Trends of Direct Mail Optimization, *Marketing - Journal of Research and Management*, 1 (1), S. 26–40.

Krafft, M., Peters, K., und Hesse, J. (2005): Grenzenloses Direktmarketing? Bestandsaufnahme, Trends und Ausblick, in: Krafft, M. et al. (2005): Internationales Direktmarketing, Gabler Verlag, Wiesbaden (erscheint demnächst).

Lilien, G.L., und Rangaswamy, A. (1998): Marketing Engineering, Addison-Wesley Inc., Reading (MA) et al.

Mahajan, V., und Muller, E. (1986): Advertising Pulsing Strategies for Generating Awareness for New Products, *Marketing Science*, 5 (2), S. 89–111.

Mantrala, M.K. (2002): Allocating Marketing Resources, in Weitz, B.A., und Wensley, R. (Hrsg.): *Handbook of Marketing*, Sage Publications, Thousand oaks, CA, S. 409–435.

Mantrala, M.K., Sinha, P., und Zoltners, A.A. (1992): Impact of Resource Allocation Rules on Marketing Investment-Level Decisions and Profitability, *Journal of Marketing Research*, XXIX (May), S. 162–175.

Mesak, H. (1992): An aggregate advertising pulsing model with wearout effects, *Marketing Science*, 11 (3), S. 310–326.

Michael, B. (2005): Marke und Zeitgeist, *Zeitschrift für Betriebswirtschaft*, Sonderheft 2 (2005), erscheint demnächst.

Naik, P.A., Mantrala, M.K., und Sawyer, A.G. (1998): Planning Media Schedules in the Presence of Dynamic Advertising Quality, *Marketing Science*, 17 (3), S. 214–235.

Naik, P.A., Raman, K. (2003): Understanding the Impact of Synergy in Multimedia Communications, *Journal of Marketing Research*, XL (November), S. 375–388.

Naik, P.A., Raman, K., und Winer, R.S. (2004): Planning Marketing-Mix Strategies in the Presence of Interaction Effects, *Working Paper*, April 2004, University of California Davis.

Naik, P.A., Raman, K., und Winer, R.S. (2005): Planning Marketing-Mix Strategies in the Presence of Interaction Effects, *Marketing Science*, 24 (1), S. 25–34.

Nerlove, M., und Arrow, K. (1962): Optimal advertising policy under dynamic conditions, *Econometrica*, 29 (May), S. 129–142.

Pechmann, C., und Stewart, D. (1990): Advertising Repetition: A critical review or wearin and wearout, *MSI Report*, No. 90-106, Cambridge, MA., USA.

Pfeifer, P., und Carraway, R. (2000): Modeling Customer Relationships as Markov Chains, *Journal of Interactive Marketing*, 14 (2), S. 43–55.

Sasieni, M. (1989): Optimal Advertising Strategies, *Marketing Science*, 8 (December), S. 358–370.

Simon, H. (1982): ADPULS: An advertising model with wearout, *Journal of Marketing Research*, 19 (August), S. 352–363.

Schultz, D.E. (2004): Two Profs prove real value of media integration, Marketing News (January), Editorial.

Strong, E.C. (1977): The Spacing and Timing of Advertising, *Journal of Advertising Research*, 17 (December), S. 25–31.

Tull, D.S., Wood, V.R., Duhan, D., Gillpatrick, T., Robertson, K.R., und Helgeson, J.G. (1986): Leveraged Decision Making in Advertising: The Flat Maximum Principle and Its Implications, *Journal of Marketing Research*, 23 (February), S. 25–32.

ZAW (2004): Werbung in Deutschland 2003, Zentralverband der deutschen Werbewirtschaft, Bonn.

Zielske, H.A., und Henry, W. (1980): Remembering and Forgetting Television Ads, *Journal of Advertising Research*, 20 (April), S. 7–13.

Kay Peters und Manfred Krafft

Zusammenfassung

Die Bedeutung des Direktmarketing für die Kommunikationspolitik hat erheblich zugenommen und das Niveau der klassischen Medien erreicht. Die klassischen Ansätze zur Optimierung der Allokation von Medienbudgets werden den damit verbundenen neuen Anforderungen nur bedingt gerecht. Dies hat die systematische Überprüfung repräsentativer Allokationsansätze aus dem klassischen Marketing-Bereich anhand relevanter Kriterien gezeigt. Für die neuen Allokationsmodelle im Direktmarketing wurden zwei repräsentative Studien ausgewählt und hinsichtlich dieser Kriterien beurteilt. Diese neuen Ansätze sind den klassischen teilweise deutlich überlegen. Insbesondere die Orientierung an individuellen Kunden und die Berücksichtigung intertemporaler Aspekte auf disaggregierter Ebene wird den Anforderungen der Direktmarketing-Instrumente gerecht. Allerdings haben sich auch die Ansätze des Direktmarketing stark an den eigenen Instrumenten orientiert. Die mangelnde Berücksichtigung weiterer Marketing-Mix-Instrumente, des Wettbewerbs sowie klassischer Kommunikationsmedien scheint auf deren Ursprung im Versandhandel zurückzuführen zu sein. Die Allokationsansätze beider Bereiche könnten sich gegenseitig gut befruchten und somit wichtige Forschungslücken geschlossen werden.

Summary

Recently the importance of direct marketing communication has increased significantly, reaching the level of classic media. Traditional approaches for the optimal allocation of media budgets rarely cover the new related challenges. This could be demonstrated by comparing these approaches on several relevant managerial criteria. From the area of direct marketing two other representative approaches have been selected and rated on the same criteria. They were found to outperform the classical allocation approaches on some criteria. Especially the focus on the individual customer and the intertemporal allocation on this disaggregate level addresses the characteristics of direct marketing instruments. Anyhow, the direct marketing allocation approaches seem to restrict themselves to direct marketing instruments, not including other (classic) media, other marketing instruments or competition. This may be due to their origin in the mail order business. The approaches of both areas, classic media and direct marketing, maybe integrated to allow for the mutual inclusion of any media budget into the optimization budget allocation across media and over time.

JEL: M31, M37

Damit Ihre Werbung Aufmerksamkeit erzielt!

Inhalt:

1.400 Fachbegriffe aus der täglichen Arbeitspraxis der Werbetreibenden

Hardfacts, die die Techniken und Methoden der Werbung anschaulich darstellen und erklären

umfangreicher Anhang mit wichtigen Adressen aus der Kommunikationswirtschaft und statistische Angaben aus der Werbewirtschaft

Joachim Seebohn
Gabler Kompakt-Lexikon Werbepraxis
1.400 Begriffe nachschlagen, verstehen, anwenden
3. Aufl. 2005. 288 S. Br.
EUR 24,90
ISBN 3-409-31416-4

Von der Konzeption einer Werbekampagne bis zur Erfolgskontrolle finden Sie im Gabler Kompakt-Lexikon Werbepraxis alles, was Sie für die tägliche Arbeit in der Werbepraxis benötigen.

Der Autor:

Joachim Seebohn ist Diplom-Wirtschaftsingenieur (FH), Fachrichtung Werbetechnik/Werbewirtschaft. Er ist Inhaber einer Werbeagentur und schöpft in diesem Lexikon aus seiner reichhaltigen Erfahrung.

www.gabler.de

Änderungen vorbehalten.
Erhältlich im Buchhandel oder beim Verlag

Abraham-Lincoln-Str. 46 · 65189 Wiesbaden · Tel: 06 11.78 78-626

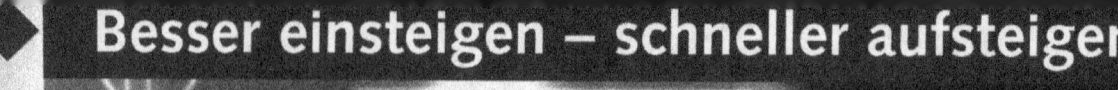

Besser einsteigen – schneller aufsteigen

Berufs- und Karriere-Planer
für Studenten und Hochschulabsolventen

**Gabler / MLP Berufs- und Karriere-Planer
Wirtschaft 2005/2006**
Für Studenten und Hochschulabsolventen
Mit Stellenanzeigen und Firmenprofilen
8., vollst. überarb. u. akt. Aufl. 2005.
XXVIII, 600 S. Br.
EUR 17,90
ISBN 3-409-83639-X

**Gabler / MLP Berufs- und Karriere-Planer
Technik 2005/2006**
Maschinenbau, Elektrotechnik, Bauwesen,
Informationstechnologie u.v.a.
Mit Stellenanzeigen und Firmenprofilen
7., vollst. überarb. u. akt. Aufl. 2005.
XXII, 616 S. Br.
EUR 17,90
ISBN 3-409-73640-9

**Gabler / MLP Berufs- und Karriere-Planer
IT und e-business 2004/2005**
Informatik, Wirtschaftsinformatik und
New Economy
Mit Stellenanzeigen und Firmenprofilen
5., vollst. überarb. u. akt. Aufl. 2004.
XX, 312 S. Br.
EUR 15,90
ISBN 3-409-53641-8

**Gabler / MLP Berufs- und Karriere-Planer
Life Sciences 2004/2005**
Biowissenschaften, Lebensmittelchemie,
Umwelt, Pharmazie, Physik und Chemie
Mit Stellenanzeigen und Firmenprofilen
2., vollst. überarb. u. akt. Aufl. 2004.
XX, 316 S. Br.
EUR 15,90
ISBN 3-409-22430-0

www.karriereplaner.de

Änderungen vorbehalten.
Erhältlich im Buchhandel
oder beim Verlag.

Gabler Verlag
Abraham-Lincoln-Str. 46
65189 Wiesbaden
Tel.: 06 11.78 78-626

STRATEGISCHES MANAGEMENT

Zusammenspiel von Praxis, Wissenschaft und Beratung

Inhalt

Neue strategische Managementansätze – Die Antwort auf veränderte Wettbewerbsfelder

Kapitalmärkte machen Strategien – Strategien machen Kapitalmärkte

Innovation und Wachstum – Basis für eine erfolgreiche Zukunft

Geschäftsmodelle und Prozesse – Durch IT einerseits verbessert und andererseits bedroht

Intangible Assets – Quelle des nachhaltigen Unternehmenserfolgs

Governance – Unternehmerische Verantwortung und Werte im 21. Jahrhundert

Harald Hungenberg /
Jürgen Meffert (Hrsg.)
**Handbuch
Strategisches Management**
2., überarb. u. erw. Aufl. 2005. XV, 1080 S.
Geb. mit SU EUR 99,00
ISBN 3-409-22312-6

Das „Handbuch Strategisches Management" knüpft an ein erfolgreiches Grundkonzept an, das Herbert Henzler vor 15 Jahren in seinem Handbuch „Strategische Führung" erstmals mit Leben erfüllt hat: die Erfahrungen der Unternehmenspraxis, der Wissenschaft und eines der international renommiertesten Beratungsunternehmen, McKinsey, in strukturierter Form zugänglich zu machen. Damit wird deutlich, dass gerade auf dem Gebiet des strategischen Managements Praxis, Wissenschaft und Beratung aufeinander angewiesen sind und neues Wissen vor allem durch das Zusammenspiel aller drei entsteht. Die 2. Auflage wurde überarbeitet und um ein eigenes Kapitel zur unternehmerischen Verantwortung sowie um neue Beiträge zu den Entwicklungen im Telekommunikationsmarkt und zum Customer Relationship Management erweitert.

Die Herausgeber

Prof. Dr. Harald Hungenberg ist Inhaber des Lehrstuhls für Allgemeine Betriebswirtschaftslehre, insbesondere Unternehmensführung, an der Universität Erlangen-Nürnberg und Gastprofessor an der ENPC in Paris.

Dr. Jürgen Meffert ist Director der Unternehmensberatung McKinsey & Company Inc. Seine gegenwärtigen Tätigkeitsschwerpunkte sind Unternehmensstrategien, Organisation, Innovations- und Technologiemanagementthemen sowie operative Verbesserungsprogramme international tätiger Unternehmen der High Tech-, Telekommunikations- und Automobilbranchen.

www.gabler.de

Änderungen vorbehalten.
Erhältlich im Buchhandel oder beim Gabler Verlag

Abraham-Lincoln-Str. 46, 65189 Wiesbaden, Tel.: 06 11.78 78-626

Grundsätze und Ziele

Die **Zeitschrift für Betriebswirtschaft (ZfB)** ist eine der ältesten deutschen Fachzeitschriften der Betriebswirtschaftslehre. Sie wurde im Jahre 1924 von Fritz Schmidt begründet und von Wilhelm Kalveram, Erich Gutenberg und Horst Albach fortgeführt. Sie wird heute von 14 Universitätsprofessoren, die als **Department Editors** fungieren, herausgegeben. Dem **Editorial Board** gehören namhafte Persönlichkeiten aus Universität und Wirtschaftspraxis an. Die Fachvertreter stammen aus den USA, Japan und Europa.

Die ZfB verfolgt das Ziel, die **Forschung auf dem Gebiet der Betriebswirtschaftslehre** anzuregen sowie zur Verbreitung und Anwendung ihrer Ergebnisse beizutragen. Sie betont die Einheit des Faches; enger und einseitiger Spezialisierung in der Betriebswirtschaftslehre will sie entgegenwirken. Die Zeitschrift dient dem **Gedankenaustausch zwischen Wissenschaft und Unternehmenspraxis**. Sie will die betriebswirtschaftliche Forschung auf wichtige betriebswirtschaftliche Probleme in der Praxis aufmerksam machen und sie durch Anregungen aus der Unternehmenspraxis befruchten.

In der ZfB können auch englischsprachige Aufsätze veröffentlicht werden. Die Herausgeber begrüßen die Einreichung englischsprachiger Beiträge von deutschen und internationalen Wissenschaftlern. Durch die Zusammenfassungen in englischer Sprache sind die deutschsprachigen Aufsätze der ZfB auch internationalen Referatenorganen zugänglich. Im Journal of Economic Literature werden die Aufsätze der ZfB zum Beispiel laufend referiert.

Die Qualität der Aufsätze in der ZfB wird durch die Herausgeber und einen Kreis renommierter Gutachter gewährleistet. Das **Begutachtungsverfahren** ist doppelt verdeckt und wahrt damit die Anonymität von Autoren wie Gutachtern gemäß den international üblichen Standards. Jeder Beitrag wird von zwei Fachgutachtern beurteilt. Bei abweichenden Gutachten wird ein Drittgutachter bestellt. Die Department Editors entscheiden auf der Grundlage der Gutachten eigenverantwortlich über die Annahme und Ablehnung der von ihnen betreuten Manuskripte. Sie können Beiträge auch ohne Begutachtungsverfahren ablehnen, wenn diese formal oder inhaltlich von den Vorgaben der ZfB abweichen.

Die ZfB veröffentlicht im Einklang mit diesen Grundsätzen und Zielen:

- **Aufsätze** zu theoretischen und praktischen Fragen der Betriebswirtschaftslehre einschließlich von Arbeiten junger Wissenschaftler, denen sie ein Forum für die Diskussion und die Verbreitung ihrer Forschungsergebnisse eröffnet,
- **Ergebnisse der Diskussion** aktueller betriebswirtschaftlicher Themen zwischen Wissenschaftlern und Praktikern,
- **Berichte** über den Einsatz wissenschaftlicher Instrumente und Konzepte bei der Lösung von betriebswirtschaftlichen Problemen in der Praxis,
- **Schilderungen von Problemen** aus der Praxis zur Anregung der betriebswirtschaftlichen Forschung,
- **„State of the Art"-Artikel**, in denen Entwicklung und Stand der Betriebswirtschaftslehre eines Teilgebietes dargelegt werden.

Die ZfB informiert ihre Leser über **Neuerscheinungen** in der Betriebswirtschafslehre und der Management Literatur durch ausführliche Rezensionen und Kurzbesprechungen und berichtet in ihrem **Nachrichtenteil** regelmäßig über betriebswirtschaftliche Tagungen, Seminare und Konferenzen sowie über persönliche Veränderungen vorwiegend an den Hochschulen. Darüber hinaus werden auch Nachrichten für Studenten und Wirtschaftspraktiker veröffentlicht, die Bezug zur Hochschule haben. Die ZfB veröffentlicht keine Aufsätze, die wesentliche Inhalte von **Dissertationen** wiedergeben. Sie rezensiert aber publizierte Dissertationen.

Herausgeber/Editorial Board

Editor-in-Chief

Prof. Dr. Günter Fandel ist Universitätsprofessor und Inhaber des Lehrstuhls für Betriebswirtschaft, insbesondere Produktions- und Investitionstheorie an der FernUniversität in Hagen. Seine Hauptarbeitsgebiete sind Industriebetriebslehre, Produktionsmanagement und Hochschulmanagement.

Department Editors

Prof. Dr. Holger Ernst ist Inhaber des Lehrstuhls für Betriebswirtschaftslehre, insbesondere Technologie- und Innovationsmanagement an der Wissenschaftlichen Hochschule für Unternehmensführung – Otto-Beisheim-Hochschule – (WHU) in Vallendar.

Prof. Dr. Oliver Fabel ist Universitätsprofessor und Inhaber des Lehrstuhls für Betriebswirtschaftslehre, insbesondere Unternehmenspolitik an der Universität Konstanz. Seine Hauptarbeitsgebiete sind Personal-, Organisations- und Bildungsökonomik.

Prof. Dr. Günter Fandel, s.o.

Prof. Dr. Armin Heinzl ist Universitätsprofessor und Inhaber des Lehrstuhls für Allgemeine Betriebswirtschaftslehre und Wirtschaftsinformatik an der Universität Mannheim. Seine Hauptarbeitsgebiete sind Wirtschaftsinformatik, Organisationslehre sowie Logistik.

Prof. Dr. Manfred Krafft ist Universitätsprofessor, Inhaber des Lehrstuhls für Allgemeine Betriebswirtschaftslehre, insbesondere Marketing und Direktor des Instituts für Marketing der Westfälischen Wilhelms-Universität Münster. Seine Hauptarbeitsgebiete sind Customer Relationship Management, Direktmarketing und Vertriebsmanagement.

Prof. Dr. Norbert Krawitz ist Universitätsprofessor und Inhaber des Lehrstuhls für Betriebswirtschaftslehre mit dem Schwerpunkt Betriebswirtschaftliche Steuerlehre und Prüfungswesen an der Universität Siegen. Seine Hauptarbeitsgebiete sind Rechnungslegung, Wirtschaftsprüfung und betriebswirtschaftliche Steuerlehre.

Prof. Dr. Hans-Ulrich Küpper ist Universitätsprofessor und Direktor des Instituts für Produktionswirtschaft und Controlling der Universität München. Seine Hauptarbeitsgebiete sind Unternehmensrechnung, Controlling und Hochschulmanagement.

Prof. Dr. Wolfgang Kürsten ist Universitätsprofessor und Inhaber des Lehrstuhls für Allgemeine Betriebswirtschaftslehre, insbesondere Finanzierung, Banken und Risikomanagement an der Universität Jena. Seine Hauptarbeitsgebiete sind Finanzkontrakte, Bankbetriebswirtschaftslehre und kapitalmarktorientierte Unternehmensführung.

Prof. Dr. Werner Pascha ist Universitätsprofessor und Inhaber des Lehrstuhls für Ostasienwirtschaft/Wirtschaftspolitik an der Universität Duisburg-Essen.

Prof. Dr. Joachim Schwalbach ist Universitätsprofessor und Inhaber des Lehrstuhls für Internationales Management an der Humboldt Universität in Berlin.

Prof. Dr. Hartmut Stadtler ist Universitätsprofessor und Inhaber des Instituts für Logistik und Transport an der Universität Hamburg. Seine Hauptarbeitsgebiete sind die Logistik, die Unternehmensplanung und die unternehmensübergreifende Planung im Rahmen des Supply Chain Management sowie deren Unterstützung durch Softwaresysteme (z.B. Advanced Planning Systeme).

Prof. Dr. Stefan Winter ist Universitätsprofessor und Inhaber des Lehrstuhls für Human Resource Management an der Ruhr-Universität in Bochum. Seine Hauptarbeitsgebiete sind die Analyse von Anreizstrukturen in Unternehmen, Gestaltung von Vergütungssystemen für Führungskräfte sowie die Institutionenökonomische Analyse von Personal- und Organisationsproblemen.

Prof. Dr. Peter Witt ist Universitätsprofessor und Inhaber des Lehrstuhls für Unternehmertum und Existenzgründung an der Wissenschaftlichen Hochschule für Unternehmensführung – Otto-Beisheim-Hochschule – (WHU) in Vallendar. Seine Hauptarbeitsgebiete sind Gründungsfinanzierung, Entrepreneurship und Corporate Governance.

Prof. Dr. Uwe Zimmermann ist Hochschulprofessor und Leiter des Instituts für Mathematische Optimierung an der Technischen Universität Braunschweig. Seine Hauptarbeitsgebiete sind die Lineare, Kombinatorische und Diskrete Optimierung und ihre Anwendung auf komplexe Systeme in Verkehr und Logistik.

Editorial Board

Prof. (em.) Dr. Dr. h.c. mult. Horst Albach (Chairman)
Prof. Alain Burlaud
Prof. Dr. Santiago Garcia Echevarria
Prof. Dr. Lars Engwall
Prof. Dr. Robert T. Green
Dr. Dieter Heuskel
Dr. Detlef Hunsdiek
Prof. Hiroyuki Itami
Prof. Dr. Don Jacobs
Dr. Bernd-Albrecht v. Maltzan
Prof. Dr. Koji Okubayashi
Hans Botho von Portatius
Prof. (em.) Dr. Hermann Sabel
Prof. Dr. Adolf Stepan
Prof. Dr. Kalervo Virtanen
Dr. med. Martin Zügel

Verlag

Gabler Verlag/GWV Fachverlage GmbH,
Abraham-Lincoln-Straße 46, 65189 Wiesbaden,
http://www.gabler.de
http://www.zfb-online.de
Geschäftsführer: Andreas Kösters
Verlagsleitung: Dr. Heinz Weinheimer
Programmleitung Wissenschaft: Claudia Splittgerber
Gesamtleitung Produktion: Reinhard van den Hövel
Gesamtleitung Vertrieb: Gabriel Göttlinger

Editor-in-Chief:
Professor Dr. Günter Fandel
FernUniversität in Hagen
Fachbereich Wirtschaftswissenschaft
58084 Hagen
E-Mail: ZfB@FernUni-Hagen.de

Anfragen an den Editor-in-Chief: Briefe an den Editor-in-Chief mit der Bitte um Auskünfte etc. können nur beantwortet werden, wenn ihnen Rückporto beigefügt ist. Von Anfragen, die durch Einsicht in die Jahresinhaltsverzeichnisse beantwortet werden können, bitten wir abzusehen.

Redaktion: Susanne Kramer, Tel.: 06 11/78 78-2 34,
E-Mail: Susanne.Kramer@Gabler.de

Annelie Meisenheimer, Tel.: 06 11/78 78-2 32, Fax: 06 11/78 78-411,
E-Mail: Annelie.Meisenheimer@Gabler.de

Abonnentenbetreuung: Doris Schöne, Tel.: 0 52 41/80 19 68,
Fax: 0 52 41/80 96 20

Produktmanagement: Kristiane Alesch, Tel.: 06 11/78 78-3 59,
Fax: 06 11/78 78-4 39, E-Mail: Kristiane.Alesch@Gabler.de

Anzeigenleitung: Christian Kannenberg, Tel.: 06 11/78 78-3 69,
Fax: 06 11/78 78-4 30, E-Mail: Christian.Kannenberg@gwv-fachverlage.de

Anzeigendisposition: Monika Dannenberger,
Tel.: 06 11/78 78-1 48, Fax: 06 11/78 78-4 30,
E-Mail: Monika.Dannenberger@gwv-fachverlage.de

Es gilt den Anzeigenpreisliste Nr. 27 vom 1. 10. 2002.

Produktion/Layout: Bernhard Laquai

Bezugsmöglichkeiten: Die Zeitschrift erscheint monatlich. Kündigung des Abonnements spätestens sechs Wochen vor Ablauf des Bezugszeitraumes schriftlich mit Nennung der Kundennummer. Eine schriftliche Bestätigung erfolgt nicht. Jährlich können 1 bis 6 Ergänzungshefte hinzukommen. Jedes Ergänzungsheft wird den Jahresabonnenten mit einem Nachlaß von 25% des jeweiligen Ladenpreises gegen Rechnung geliefert. Kündigung des Abonnements spätestens sechs Wochen vor Ablauf des Bezugszeitraumes schriftlich mit Nennung der Kundennummer.

	Preise Inland:	Preise Ausland:
Einzelheft:	32,- Euro	40,- Euro
Studenten-*/Emeritus-Abo:	60,- Euro	78,- Euro
ausgewählte Verbände:**	144,- Euro	162,- Euro
Privat-Abo:	174,- Euro	192,- Euro
Lehrstuhl-Abo:	198,- Euro	216,- Euro
Bibliotheks-/Unternehmensabo:	348,- Euro	366,- Euro

* Studienbescheinigung
** auf Anfrage beim Verlag

© Betriebswirtschaftlicher Verlag Dr. Th. Gabler/
GWV Fachverlage GmbH, Wiesbaden 2005.

Der Gabler Verlag ist ein Unternehmen von Springer Science+Business Media.

Alle Rechte vorbehalten. Kein Teil dieser Zeitschrift darf ohne schriftliche Genehmigung des Verlages vervielfältigt oder verbreitet werden. Unter dieses Verbot fällt insbesondere die gewerbliche Vervielfältigung per Kopie, die Aufnahme in elektronische Datenbanken und die Vervielfältigung auf CD-ROM und allen anderen elektronischen Datenträgern.

Satzherstellung: Fotosatz-Service Köhler GmbH, 97084 Würzburg.
Druck und Verarbeitung: Wilhelm & Adam, 63150 Heusenstamm.

Gedruckt auf säurefreiem und chlorfrei gebleichtem Papier.

Printed in Germany   ISSN: 0044-2372

Hinweise für Autoren

1. Bitte beachten Sie die „Grundsätze und Ziele" der ZfB.

2. Die ZfB bietet ihren Autoren die Möglichkeit der Online-Einreichung ihrer Beiträge an. Manuskripte – in deutscher oder englischer Sprache – können vom Autor unter http://mc.manuscriptcentral.com/zfb direkt in das Manuskriptverwaltungssystem eingespeist werden. Hierbei ist insbesondere auf die Wahrung der Anonymität der zur Begutachtung eingereichten Vorlagen zu achten. Der Autor verpflichtet sich mit der Einsendung des Manuskripts unwiderruflich, das Manuskript bis zur Entscheidung über die Annahme nicht anderweitig zu veröffentlichen oder zur Veröffentlichung anzubieten. Diese Verpflichtung erlischt nicht durch Korrekturvorschläge im Begutachtungsverfahren.

3. Aufsätze, die im wesentlichen Ergebnisse von Dissertationen wiedergeben, werden nicht veröffentlicht. Um die Ergebnisse von Dissertationen breiter bekannt zu machen, hat die ZfB eine Rubrik „Dissertationen" im Besprechungsteil eingeführt. Hier werden vorzugsweise Erstgutachten von Dissertationen – in entsprechend gekürzter Form – abgedruckt.

4. Alle eingereichten Manuskripte werden, wie international üblich, einem doppelt verdeckten Begutachtungsverfahren unterzogen, d.h. Autoren und Gutachter erfahren ihre Identität gegenseitig nicht. Die Gutachten werden den Autoren und den Gutachtern gegenseitig in anonymisierter Form zur Kenntnis gebracht. Jeder Beitrag wird von zwei Fachgutachtern beurteilt. Bei abweichenden Gutachten wird ein dritter Gutachter bestellt. Durch dieses Verfahren soll die fachliche Qualität der Beiträge gesichert werden. Die Department Editors entscheiden auf der Grundlage der Gutachten eigenverantwortlich über die Annahme und Ablehnung der von ihnen betreuten Manuskripte. Auch haben sie das Recht, einen Beitrag direkt abzulehnen, wenn er aus formalen und/oder inhaltlichen Gründen von den Vorgaben der Zeitschrift abweicht.

5. Die Manuskripte sind in Times New Roman, 12 Punkt, 1½zeilig mit 2,5 cm Rand zu schreiben. Sie sollten nicht länger als 25 Schreibmaschinenseiten sein. Der Titel des Beitrages und der/die Verfasser mit vollem Titel und ausgeschriebenen Vornamen sowie beruflicher Stellung sind auf der ersten Manuskriptseite aufzuführen. Dem Beitrag ist ein „Überblick" von höchstens 15 Zeilen voranzustellen, in dem das Problem, die angewandte Methodik, das Hauptergebnis in seiner Bedeutung für Wissenschaft und/oder Praxis dargestellt werden. Die Aufsätze sind einheitlich nach dem Schema A., I., 1., a) zu gliedern. Endnoten (Times New Roman, 12 pt) sind im Text fortlaufend zu numerieren und am Schluß des Aufsatzes unter „Anmerkungen" zusammenzustellen. Anmerkungen und Literatur sollen getrennt aufgeführt werden. Im Text und in den Anmerkungen soll auf das Literaturverzeichnis nach dem Schema: (Gutenberg, 1982, S. 352) verwiesen werden. Jedem Aufsatz muß eine „Summary" in englischer Sprache von nicht mehr als 15 Zeilen Länge und eine deutsche Zusammenfassung gleicher Länge angefügt werden. Über Abbildungen und Tabellen ist eine Legende vorzusehen (z.B.: Abb. 1: Kostenfunktion, bzw. Tab. 2: Rentabilitätsentwicklung). Abbildungen und Tabellen sind an der betreffenden Stelle des Manuskripts in Kopie einzufügen und im Original (reproduzierfähig) dem Manuskript beizulegen. Mathematische Formeln sind fortlaufend zu numerieren: (1), (2) usw. Sie sind so einfach wie möglich zu halten. Griechische und Fraktur-Buchstaben sind möglichst zu vermeiden, ungewöhnliche mathematische und sonstige Zeichen für den Setzer zu erläutern. Auf mathematische Ableitungen soll im Text verzichtet werden; sie sind aber für die Begutachtung beizufügen.
Mit dem Manuskript liefert der Autor ein reproduzierfähiges Brustbild (Passphoto) von sich sowie eine kurze Information (max. 7 Zeilen) zu seiner Person und seinen Arbeitsgebieten.

6. Der Autor verpflichtet sich, die Korrekturfahnen innerhalb einer Woche zu lesen und für Korrekturen, die nicht vom Verlag zu vertreten sind, sowie die Kosten für die Korrektur durch einen Korrektor bei nicht termingerechter Rücksendung der Fahnenkorrektur zu übernehmen.

7. Der Autor ist damit einverstanden, daß sein Beitrag außer in der Zeitschrift auch durch Lizenzvergabe in anderen Zeitschriften (auch übersetzt), durch Nachdruck in Sammelbänden (z.B. zu Jubiläen der Zeitschrift oder des Verlages oder in Themenbänden), durch längere Auszüge in Büchern des Verlages auch zu Werbezwecken, durch Vervielfältigung und Verbreitung auf CD-ROM oder anderen Datenträgern, durch Speicherung auf Datenbanken, deren Weitergabe und dem Abruf von solchen Datenbanken während der Dauer des Urheberrechtsschutzes an dem Beitrag im In- und Ausland vom Verlag und seinen Lizenznehmern genutzt wird.

GPSR Compliance
The European Union's (EU) General Product Safety Regulation (GPSR) is a set
of rules that requires consumer products to be safe and our obligations to
ensure this.

If you have any concerns about our products, you can contact us on

ProductSafety@springernature.com

In case Publisher is established outside the EU, the EU authorized
representative is:

Springer Nature Customer Service Center GmbH
Europaplatz 3
69115 Heidelberg, Germany

www.ingramcontent.com/pod-product-compliance
Lightning Source LLC
LaVergne TN
LVHW060140080526
838202LV00049B/4041